働く大人の教養課程

岡田憲治

実務教育出版

はじめに

普通に仕事を「する」だけでも大変なこと

「働く」ことは大変なことです。朝ちゃんと起きて身支度を整え、忘れ物をしないように、時間に遅れないようにと、それだけでもこなすのは簡単ではありません。考えてみたら、朝起きてから「おはようっす」と挨拶してオフィスのデスクに鞄を置くまでの間にやるべきことの多いこと多いこと。これに前の晩に「明日辛くなるから今日はあまり呑みすぎないぞ」と自分に言い聞かせるというかなりハードルの高い苦行も含めると、会社に着くだけで息も絶え絶えです。これで電車が遅れて渋谷と表参道の間にカン詰めにされでもしたら、まさに地獄です。

仕事が「デキる」のはもっと大変なこと

運と努力でなんとか仕事に就いて、かつ仕事を失わないように節々をきちんとこなす。本当はそれだけで十分なのでしょうが、働いている皆さんの多くが「そんなの社会人としての基本ですよ。それよりもっと高い目標を設定して、仕事のデキる人間になりたいんですよ」と言います。遅刻もせず身なりもきちんとして、みんなと協力して働くだけでなく、もっと「デキる」ようにならねばと考えているのです。これは大変です。なぜならば「もっと」という比較が「今の自分よりも」という意味だけでなく、「あいつよりも」「他社よりも」、あるいは「他国よりも」という野望を含んでいるとすれば、膨大な数のライバルと競争することになるからです。

街の本屋さんに行きますと、「デキる男の時間活用術」とか「デキるオフィスワーカーの必須アイテム20」などといった記事が載っている雑誌がたくさん売られています。そういう特集が何万部も売れる雑誌に毎週のように載っているのですから、どれだけ多くの人がデキるようになりたいと考えているのかがわかります。デキるようになりたい人たちだらけです。

思い起こせば、皆さんは7歳で小学校に入学して以来、長いこと学校に通って常にデキる人間になるよう尻を叩かれ、自分でも叩き、そして叩かれていることすら感じなくなるほど努力し続けて来ました。長いですよね。社会人になって一通りのことがわかってきた入社4年目なら20年、住宅ローンを抱えるような中堅なら30年、それなりの数の部下を持つ管理職なら40年、ずーっとデキるよう努力してきたのです。気の遠くなるような年月です。いつだってデキるようになるための教室があり、子どもの頃から延々と走り続けてきたのです。

自分は仕事が「デキる」ようになったのか？

ところが、学校を出た後は何だか事情が変わったように感じています。受験のための塾や予備校などは、試験に合格することだけが目標だったのでそこに通う理由が非常にわかりやすいものでした。

でも、皆さんが日々やっている仕事は（それこそ千差万別ですが）、何か一定の関門を客観的な基準に照らしてクリアするだけでは成立していません。ビジネスなら売上を伸ばすという不動の目標はありますが、どうもそれは「デキる」ということとイコールではないような気がします。売上や営業成績の伸びは、自分がデキることによる結果というより、先輩・後輩の協力や運によってもたらされたこともたくさん含まれます。ほとんどの人がチームで働くので、胸を張って「この結果は、俺が仕事をデキたからだ」と言いづらい感じがします。「おかげさまで」と言わないと嫌われるという、日本特有の社会風土もあります。

だからといって、すべてを放置して「会社が潰れなきゃ、それでいいよ」と完全に開き直っているわけでもありません。自分なりに一生懸命仕事をしているのですが、皆さんはどうも自分に「何か」が足りないような気がしています。自分を磨こうという気持ちもちゃんと残っており、学校を出ても勉強はしています。

そして「仕事で開眼するための㊙10か条」のようなビジネス書を読んでみたり、「若手ビジネスパーソンのための自分発見ワークショップ」のような集いに行くべきかな、なんてボンヤリと考えています。おそらくスティーヴ・ジョブズの自叙伝も読んでみたでしょう。フェイスブックのＣＥＯの本も、付箋をつけながら京王線や阪急電車の中で読んだかもしれません。

仕事の種類は開発、営業、販売等によって異なりますし、必要とされる能力や技法も違います。だから皆さんは、自分の置かれた立場や課せられた仕事がもっとデキるようになるための知識やノウハウを一生懸命身につけようとします。そこにあるのは、純粋に製品や商品に関する技術・情報だけではなく、自分のするべきことをスムーズに推し進めるための人付き合いや人間関係の調整なども含まれます。こうしたものは、どれも仕事を進めていくために必要な広い意味での技術・知識です。でも、何か上っ面ばかりで、自分の本当の実力や仕事力がついたとは思えません。

「デキる」ようになるために欠かすことのできない土台

このように思う最大の理由は、多くの皆さんが各々の仕事の技法が行き着く先はどこなのか、あるいはどうして必要なのか、また「仕事がデキる」こととどういう部分で結びついているのかという根っこ部分の認識がボンヤリとしているからです。

仕事の技法は身につけねばなりません。例えば、「新しいソフト開発の結果、マーケティングの手法や適用範囲がどれだけ広がるのか」についてクライアントから説明を求められたら、滞ることなく明快に説明できねばなりません。それを流れるようにこなせる者は、その意味で「デキる」人です。

しかし、それは「右の物を左に動かすことがデキる」ことにすぎません。その場はこなせても、応用形となったらまた準備が必要です。準備は時間をかければ、およそ誰もができるものです。それでは、頑張っていても「あいつはデキる」とは言われません。

そんな時、もし個別の仕事に要求される様々なノウハウや技法が何のために存在し、仕事の基本能力とは何なのかという、**いわば専門教育の土台である「教養」の部分をきちんと理解できていれば、仕事がデキるということの意味も今よりずっとはっきりしてくるでしょう。**これまで「どうしてこれが仕事力として必要なのか」と疑問を感じながらやってきた努力の意味もわかり、基本のモチベーションも変わってきます。

「なるほど、だから必要だったのか！」となります。

多くのビジネスパーソンがソフトバンクの孫さんや、アップルのスティーヴ・ジョブズに憧れています。皆さんは、自分は逆立ちしても彼らのようにはなれっこないと思っているかもしれません。私は教育の場にいる人間なので、自分が使っているパソコン（ＭＳさん、すみません。ｉＭａｃです）を作り上げた伝説の経営者に比肩することができるなどと考えたこともありませんが、もし自分がビジネスの場にいてもそう思ったでしょう。彼らは大変な人たちです。

でも、同時に私は思うのです。偉大なる経営者と皆さんは多少の差はあれ、人間としての潜在能力はさほど変わらないのではないか。神様はそれほど人間にとてつもない差のある能力を配分するはずはない。彼らと皆さんを分け隔てるものは超えようのないほど巨大な壁ではないのではないか。無責任なきれいごとやヘツライの言葉をかけるつもりはありませんが、そう思います。

ただし、スティーヴ・ジョブズと皆さんが決定的に違っていたことがいくつかあります。

それは、**仕事がデキるということの土台は何なのかを理解して、その土台から導き出されるいくつかの「絶対にできなければいけないこと」を普通に実践していたということです。**

絶対にできなければならないこと。それはいったい何なのでしょうか？

まさにそれこそが、本書を通じて私が皆さんにお伝えしたいことです。

第1章
「仕事がデキる」とは?
仕事の技法を身につける根本の理由について

第2章 正しい出発点の設定の仕方

根拠なき「35点主義」から脱する発想転換

第6章 発言することの本質

第7章 基本装備としての文章術

レイアウト…三木俊一＋岩佐卓哉（文京図案室）
イラスト…加納徳博
本文ＤＴＰ…明昌堂

第1章

「仕事がデキる」とは？

仕事の技法を身につける根本の理由について

ある洋菓子メーカーの課長と営業社員タケルの対話

課　長　「おい、タケル。おまえさんは会社に入って何年目だ？」
タケル　「自分、3年目です。ヤマトと同期です」
課　長　「あいつと一緒かぁ。もう25だし、そろそろ仕事っていうものがわかってきただろ？」
タケル　「いやぁ、まだまだ全然です」
課　長　「いま読んでた本、なんだ？　『同期と差をつける15の鉄則』？　おまえ、勉強してるよな。この間もスティーヴ・ジョブズの本読んでたもんなぁ」
タケル　「ええ、あれは必読ですよ！　やっぱりスゴイですよ、ジョブズって」
課　長　「だよな。ちなみにアップルが映像用媒体を自分で開発して調達するっていう戦略はどうなんだろうな？　DVD作成ソフトを新製品から外したよな？」
タケル　「え…？　まぁ、やっぱりスゴイですよ。ジョブズは（死んじゃったけど）」
課　長　「それはそうと、この間の月例の営業報告だけど、もう1回書き直しだな」
タケル　「ええ!?　一応数字を全部上げときましたし…、半期分のデータとも比較できるようにまとめたつもりなんですけど…」

課　長　「それは別にいいんだよ」

タケル　「はぁ…」

課　長　「足りないもんがあるんだよ」

タケル　「あっ、はいはいっ！　多摩地区の別店舗分の資料ですよね。すぐつけます！」

課　長　「違うよ」

タケル　「違うんですか？」

課　長　「いいか。営業報告ってのは『評価』が入ってなければガキの使いだって、もう何十回も言ってるだろう。首都圏20店舗の状況は全部一応課長の俺の頭に入ってるけどな、現場を歩いてるのはおまえだろ？　だから、**おまえの目線でこの間の商売の評価をして見せろ**って言ってるんだよ！」

タケル　「評価…。はいっ、わかりました！　え？　評価か…？」

課　長　「人と比べられるといい心持ちしないだろうけどさ、ヤマトのレポート読んでみろよ。おまえのとは違うから」

タケル　「…（ぐぬぬ）。すいません」

課　長　「頑張れよ。仕事ができるようになりたいんだろ？」

タケル　「すいません…。でも、わからないんですよ。**仕事がデキるって、結局どういうことなんですか？**　俺だってやれと言われたことはちゃんとやってますし、毎朝、新聞にも目を通してますよ…」

課　長　「そういうことじゃないんだよなぁ…」

問題

仕事が「デキる」とはどういうことか？

最強の褒め言葉、「デキる」の曖昧さ

仕事が「デキる」。この言葉は、有無を言わせない響きを持っています。男性は「デキる男は違うねぇ」と言われることに飢えていると言ってもいいかもしれません。女性だって「デキる女」と言われて悪い気はしないでしょう。まさに殺し文句です。

しかし、この言葉がやっかいなのは語感が強く、ある種決定的な意味を与える言葉であるところです。褒め言葉として使われる場合は、人を鼓舞したり、よい意味で調子に乗せたりしてポジティヴな機能を果たしますが、逆に「デキない」と言ってしまうと致命的なダメージを与えます。加えて、ポジティヴなニュアンスゆえにその言葉が指す内実を曖昧にさせてしまいます。

「デキる」という言葉に基本的にネガティヴな意味が含まれていないとなると、人はそうなることに憧れ、邁進します。深夜の航海におけるチラチラと輝く灯台の光のよ

うに当てにして、そこに向かえばすべてよしといった気持ちになってしまいます。「何を言おうとあんたの勝手だけどよ。俺はこれでもここらじゃデキる男って言われてんだ。そういう俺をクサそうってんなら、ここら界隈の連中を敵に回すくらいの覚悟が必要だぜ」といった感じです。「デキる男（女）至上主義」とでも呼びましょうか。

しかし、「デキる」が具体的にどういう意味なのかは非常に曖昧です。

まず「デキる」を正しく解釈しよう

実は多くの人が「仕事がデキる」ということを、「結果を出せる」ということとほぼイコールなのだと解釈しています。なんと大雑把な理解でしょう。これでは、「デキる」ということの意味が素朴になるわけです。なにしろ、よく耳にする「四の五《しご》の御託並べたってね、結果が伴わなきゃただの能書きタレだよ」という啖呵《たんか》は実に説得力があり、「一番偉いのは、文句1つ言わず現場で黙々と汗流して働いてちゃんと結果を出してる奴だ」という常識と人生訓は世の中で不動の地位を築き上げています。四の五の言う奴は口先ばっかりで実行力が伴わない、ヘナチョコ野郎だというわけです。これはもう信仰に近いものでしょう。

このように「仕事がデキる」ことを「結果を出せる」ことだけにしてしまうならば、こんな本はもう書く必要がありません。結果至上主義や現場至上主義に席を譲って、「現場で汗かいた後の結果は時の運だ」で終わりにしてしまえばいいのです。そして、大事なことを全部スキップしてまとめ上げる、あの「人事を尽くして天命を待つ」というお決まりのフレーズでも添えておけばいいでしょう。しかし、これは「デキない」結論です。

では、「仕事がデキる」とは、「結果を出す」ということ以外にどんな意味を含んでいるのでしょうか？　それを考えるために皆さんに示したいのが、本書の全編を貫くキーワード**「評価」**です。

辞書によりますと、「評価」の項目には、①品物の価格を定めること、②善悪・美醜・優劣などの価値を判じ定めること、の2つが載っています。「そんなことわかってるよ」と思われた読者の皆さん、本当にそうでしょうか？　実は私たちの社会において、これほどきちんと理解されていないものはないというくらい曖昧にされている言葉なのです。「デキる、デキない」をめぐる切なく苦しい問題が、どうやらそのあたりに隠れていそうです。もうしばらく、「評価するとは、本当はどういうことなのか？」という話をしてみたいと思います。

ちなみに誤解が生じると困りますので最初の段階で断っておきますが、ここで言う評価とは、「ビジネスパーソンとして、あなたがどんな風に評価されるか」という話ではありません。あなたがあなたの外部世界をどう評価するか、つまり**「あなたが評価できるかどうか」**の話です。主語は「あなた」なのです。

「評価は？」にフリーズする若者たち

私たちの社会の人々は、往々にしておしゃべりです。しかし、それは誰が口にしても問題ないような当たり障りのない話題の時だけです。価値判断が絡んだ話になると途端に沈黙します。匿名なら価値判断をするのに、実名だとしません。

タケル君ら若手も「発言した当人に責任がかかってくる」といった話題以外では、わりとよく口を開きます。「今はちょっとバカ話をしても許される休み時間モードだな」と安全を確認すると、時には異様な盛り上がりを示すこともあります。しかし、会議などで課長が部下に次のように尋ねたらどうなるでしょうか。

「それじゃ、バレンタインデーに向けて販売展開していく新しい商品のディスプレイ案が3つほど上がってきたから、銀座と二子玉川の百貨店向けにどれを配置させるか、最終的にどうするべきか、それぞれみんなで評価してもらおうと思う」

課長がそう言った途端、さっきまで笑顔で躍動していた部下たちの肉体がその軽やかな動きを止め一斉にフリーズします。一瞬のうちに、その場は真冬の通夜の席のように姿を変えるのです。

「銀座と二子玉川の百貨店のディスプレイとしてふさわしいのはどれか？」という問題に何らかの評価をすることは、大して複雑な課題ではありません。手が震えるほどの緊張を強いられるようなプロセスでもありません。なぜならば、最終的にこの決定の責任を取るのは、課長だからです。

ここでやろうとしているのは、ああでもないこうでもないと話し合った後に、ポイントをはっきりさせることです。「客層と提供する新商品のブランドイメージから考えてA案がフィットする」となるか、「隣の売り場に競合メーカーの新商品が飾られることがわかっているので、コントラストを出すためにはB案がベター」となるか。いずれにせよ、さほどたくさんの種類の評価は出てこないでしょう。

むしろ問題になるのは、評価を支える根拠です。各々の評価を下した理由は様々です。そこでしっくりこなければ、課長もまた別の機会にもう一度会議を開くかもしれません。この場合の評価とは、「どの案がどの売り場に一番フィットするかを決める」

ことにすぎません。しかも、これは真理の問題ではありません。選択の問題です。だから、課長には部下たちがフリーズする理由がよくわかりません。仕方なく「タケルどうだ？」と発言を促すと、予想通り彼は「うーん。いやっ、どうでしょうかねぇ…」と言ったきりその後は沈黙です。

ったく、こいつらはいつもこうだよ。これじゃ会議にならないだろうが。やる気あるのか？　何で黙ってるんだよ？　作業系の仕事をやめて貴重な40分を設定してるのに、俺とおまえらで雁首そろえて会議やっても、そんなお通夜みたいに黙ってるならやる意味がないだろう…。

「評価」と「感じ」の決定的な違い

最初は盛り上がっていた部下たちですが、課長が「ディスプレイのいくつかの案を評価してほしい」と言った途端に、フリーズしてしまいました。これは何なのでしょうか？

タケル君と同期のヤマト君に言わせればこうです。

「課長、ディスプレイの件だけじゃなく、例えばフランスのショコラ職人の催事でのパッケージについての会議でも共通しているのは、僕たち別に〝しゃべれないわけじゃない〟ってことなんですよ。課長が今度のディスプレイのデザイン案について、フランクに『どう感じた？　アリかなぁ？』と聞いてきた時には、女の子たちも含めて話が結構盛り上がりましたよ。その後も、呑みに行った先でずっとそのことを話してたくらいですから」

課長も気がつきました。部下たちは「気持ちは？」と尋ねられると、「こんな感じです」という風に答えられるのです。でも、「評価」を問われると固まってしまうというわけです。だから「ディスプレイの3案についてどんな印象を持った？」と尋ねれば、「なんか田舎の飛行場のお土産売り場っぽいですよね。隣のゴディバの都会的な感じと比べるとかなりビミョーですね」と反応したかもしれません。「感じ」なら言えるけれど、「評価」だとダメ。職場でも大学の教室でも、全く同じことが起こります。

どうやら「仕事がデキる」ということの意味はこのあたりにあることに、デキる人予備軍の皆さんはもうお気づきでしょう。そうです。評価は「気持ち」ではなく「根拠ある論理」でなければならないのに、若いビジネスパーソンの間にはこの鉄則が浸透していないのです。気持ちなら言えるけど、論理と言われるとどうしていいかわからない。これではフィーリングを吐露する以上のことはできず、チームで働く仲間や上司に自ら何かを提案したり、仕事のあり方を検証したりすることができません。

つまり、言われた以上のことをデキる人間にはなれません。フィーリングでしか世界を語れないからです。

提案 「評価」できる能力を身につけよう

仕事は節目節目で評価することでうまくいく

日本は、本当の意味での「評価（evaluation）」というものがよく理解されていない社会です。「感じ」を尋ねられるとそれなりに話せるのに、「評価してください」と言われると話せなくなります。この日本人の心の構造は大変興味深いですし、たくさん言いたいこともありますが、この本の目的から考えてポイントをはっきりさせるとするならば、次のようになります。

仕事がデキる人とは、例外なくきちんと仕事の節目で評価ができる人です。

では、「評価ができる」ということは、どういうことでしょうか？　部下たちと仕事がデキる上司との決定的な違いはここです。会社組織の中ではピラミッド状に職責が決まっており、上になればなるほどポストの数は減り、逆に権限と責任と報酬は増えていきます。底辺を支える平社員は、報酬が少ない代わりに責任もありません。これが近代分業社会の原則です。ここは大事なところです。

つまり、デキる人がピラミッドの階段を上って行き、仕事の各プロセスでいくつもの大切な判断を下して評価を行うというのが、ちゃんとした会社の構造なのです（ほとんどの会社がそうなっていないので皆さんのフラストレーションも溜まるのですが）。そうでなければ、権限や責任や報酬の配分の原則がわからなくなります。

具体的に考えてみましょう。タケル君の勤める洋菓子メーカーは、バレンタインデー商戦に勝利するために新商品を作ろうとしています。会社がアイデアを出して商品化し、生産・販売して利益を得るためには、ざっと次のようなプロセスがあります。

①昨年度の事業結果のフィードバック
②直近の類似商品の市場環境の現状分析

③新商品の基本コンセプトやイメージの策定
④新商品の市場展開の規模とコストの見積もり
⑤新商品の試作品の確認と調整
⑥販売環境の設定や営業のあり方の再考
⑦販売現況を見ながらの生産販売量の調整
⑧売上や利益の精査や決算
⑨このプロジェクトの会社事業全体における位置づけの確認
⑩今年度の結果を踏まえた次年度の基本的戦略などの目標設定

ここに挙げた各プロセスにおいて、必ず行われているのが「評価」です。例えば、新商品を爆発的に売り上げるという大きな目標を決める場合、まずは「何だかパッとしなかった去年の商売のダメさ加減」をきっちりと評価する必要があります。味に関してはしっかりしていて素材も悪くない、この道のベテラン評論家がこぞって「これはよいものができましたね」と言ってくれたのに、あまり利益が出なかったのは「長い付き合いの百貨店を大切にすることだけを営業と思い込んでいる古い体質のせいで、コンビニやスーパーにも販路を広げている他社にやられたからだ」というように評価しなければ、今年の商売は始められません。

それを踏まえて今年はどうするのか。そもそも、今年のマクロ経済的環境や洋菓子商売全体の景気展望などを評価しなければなりません。また、新しい商品が他社を凌駕する斬新なものとなっているのかどうかを、そのアイデアが商品企画部から上がってきた段階で営業の意見も含めて評価しなければなりません。コスト計算をどうするのか、試作品の出来はどうなのか、百貨店の売り場のディスプレイのセンスはイケてるのか……。そして、最終的にこの商売が会社事業全体においてどうだったのかを、きちんと評価しなければなりません。

このすべてのプロセスにおいて、大変な数の「決断」と「判断」がなされます。言うまでもなく、その判断のすべては「直感」や「水晶玉占い」で行われているのではありません。デキる人たちの評価によって生まれているはずです。

この評価が優れたものであれば、当然そこから導かれる決断も優れたものとなる可能性が高くなります。社長の勘で「行ってこい、やってこい」となるのはビジネスではなく賭博です。新商品の目玉を「柚子と抹茶キャラメルをホワイトチョコでくるんだ和風もの」に決定した判断の根拠が、「専務の母親が美味しいと言ったから」という評価なら、その会社は長くありません。

デキる組織には、この優れた評価ができる連中がたくさんいます。誰でも構いませんので、あなたの周りの「デキるなぁ」と思う人のことを思い浮かべてみてください。例外なく、みな「根性がある」とか「人を包み込むような人間力がある」などということだけでなく（これはこれですごいことですが）、場面ごとにちゃんと世界を評価することができる人たちであるはずです。

「評価ができる」の広さと深さ

このように書くと、「そんな評価ばかりできても、結局それは口先だけってことじゃないですか。やっぱり評価だけじゃ物は売れませんよ。そんな人間ばかりになったら組織もまわりません」と反論する人もいるかもしれません。至極もっともです。そんなこと〝しか〟できない人間が大量にいてもダメです。しかし、「ど根性で仕事を獲ってくる馬力」と「評価能力」は別に相対立するものではありません。

例えば、殺しても死なない体力で馬車馬のように奮闘し、断られても足蹴にされてもど根性で他社が支配しているマーケットに食い込んで、最後には「とりあえず最初の500ケースだけだぞ。殴られても蹴られても『商売させてください！』って、いい根性してっからよ。俺だっておまえ、鬼じゃねぇんだからよ。でもな、使ってみてダメならもうオシメェだかんな。ところで今晩空いてっか？　にぃちゃんよ？」というように、現場の高卒叩き上げの資材課長のハートをつかむのは優れた営業能力です。

他方で、「二代目が跡目継いで新規事業だの会社イメージ刷新だのと派手な花火上げてますけど、金と人事は古株の専務と大奥さんがガッチリ握ってますから、ここはあんまり乗せられて金突っ込まない方がいいっすよ」というように、冷静な評価を営業部長にできる能力は素朴な現場至上主義とは異なります。さらに、「こういうタイプを接待する時は、オネェさんが膝ついて水割り作ってくれるような店じゃダメよ。新橋の立ち呑み屋で故郷の話にウンウンと相づち打ってやるのが一番よ」などという芸術的な接待もできたら、もう彼は全くもってデキる人ということになります。

こういうデキ方も、MBAを取得していてマクロ経済もわかり、同時にマーケティングのノウハウや統計学的知識もあり、経営最高幹部会で優れた市場評価をしてみせるようなデキ方も、会社にきっちりと利益をもたらす戦力としては何ら変わることはありません。どちらも「評価のできる人」です。

つまり賢明なる皆さんには、「評価ができる」ということのフィールドの広さと深さを考えていただきたいのです。**デキる人とは、現実を前にしてそれを自分に与えら**

れた条件として受け止め、借り物ではない己の価値観に信頼を置き、自分を世界に投げ込む勇気を持って「現実はこうなっている」「我々に必要な物は○○である」「この決断は我々に○○をもたらすのだ」と考え、そして「これが私の評価だ」と宣明することのできる人間なのです。それができるなら、MBAを持っていようと、本郷にある大学を出ていようと、中卒であろうと関係ありません。評価ができる人とはそういう人間だということです。

もしあなたが上司や同僚たちから相談や質問をほとんど受けないとするなら、それはあなたが「自分の価値観と言葉で独自の評価をできる人」と思われていないからです。「独自の評価を持っていないこと」と「言われた仕事はちゃんとしているということ」は、表面上は全く矛盾することなく共存可能です。経験のない若い時は、みんなそんなもんですから仕方ありません。

しかし、自分の水準を上げたいのであれば、独自の評価を身につけることを射程に入れねばなりません。

評価する能力のために必要な7つのこと

多くの読者の皆さんは、今まで「デキる人になりたい」と思っていたけれど、「デキる人になっている自分」をどうイメージしていいか、どういう風になれば自分の願望を具体的な行動や行為に結びつけることができるのかを、曖昧にしかとらえてこなかったのではないでしょうか。でも、これで最初の背骨の部分はわかっていただけたと思います。

この本にはまだ残り7つの章があります。本章との関係でいえば、以後の7つの項目はこの根本の部分を体現するための認識と具体的なスキルを身につけるためのアドヴァイスであり提案です。簡単にスケッチしておきましょう。

第2章　評価ができるようになるためには、絶対に**スタートライン**を間違えてはいけません。私たちは、中学、高校、大学、会社とずっと受験や就活をしてきて、何らかの結果を得てきました。本当はその度に正しいスタートラインに着かなければならなかったのですが、多くの場合それがズレていました。立場や年齢に関係なく、タケル君のような若手でも課長のような中堅以上でも、自分の水準を少しでも上げようと考える人には、それなりのきちんとしたスタートラインが必要であることに変わりはありません。

第3章 デキる人になるためには、世界を評価するために不可欠な「**能力**とは何か？」という問題も丁寧に考えねばなりません。そうでないと持っている自分の潜在能力に気づくことも、それを活かすことも、発展させることもできません。「能力がある＝頭がいい」などと決めつけていると、何も得られません。なぜならば、私たちは日常的な経験と直感で「頭がいい」にもたくさんの種類があることをすでに知っており、その振り幅と深さについてもある程度気がついているからです。それを確認しなければいけません。

第4章 デキる人だって、**わからないこと**がないわけではありません。デキる人ほどわからないことだらけなのです。しかし、デキる人とそうでない人との決定的な違いは、「わからないを切り分けることができるかどうか」です。「わからない」にも複数の種類があり、今自分が抱えている「わからない」が、そのどれなのかということを正しく把握せねばなりません。ここでも、「わからない＝ギブアップ宣言」と大雑把に思い込んでいる人がたくさんいることに心が痛みます。もったいない。ギブアップとしてしまうと、それが終点になってしまいますが、「こういう意味でわからないのだ」と分けると、「だからここを何とかすればよいではないか」と再出発できるのです。

第5章　デキる人は**質問**の仕方が違います。デキる人の質問の特徴は、表面上は弱気で謙虚です。しかし、そこに含まれている意味は深いのです。本書の愛されキャラのタケル君の質問は「宿題やってよ」タイプですが、デキる人の質問はボロボロになった姿で「すみません。限界です。教えてください」と涙を誘い、かつハートをムーブさせるものです。デキる人はそのボロボロ度が高ければ高いほど、その後に有益な知見と情報を身につけていきます。

第6章　デキる人の**発言**をよく聞いていると、これまでの思い込みが氷解していくことに気づきます。皆さんは子どもの頃から「立派なことなんて、自分が言えるわけないじゃん」といった心の習慣ができてしまっています。デキる人の発言は立派だというのは大雑把な思い込みです。でも、そうではありません。彼らとの違いは自分の言いたいことだけでなく、「人から有益な何かを引き出す言い方」を常に考えているかどうかだけなのです。

第7章 分業組織社会であり、官僚制の基本構造が浸透している現代において、やっぱり最後にものを言うのが**書く力**です。これについても大変もったいない思い込みがあります。それは「俺には文才がないから」という、「この世には小説家になれる可能性がある人と、それがゼロの人の2種類しかない」というへんてこりんな分類です。ビジネスや仕事で要求される文章能力とは、立派でオリジナリティ溢れた余人を持って代えられぬ名文作成能力ではありません。イイタイコトを共通のルールに基づいて明晰かつシンプルに書くことができる、訓練次第で相当多くの人が身につけることができる技法にすぎません。どうして自分は、「夏目漱石や村上春樹に比べれば」に近い荒唐無稽な基準を持ってしまっているのでしょうか。適切かつ冷静にハードルを下げましょう。

第8章 多くの人は何かネガティヴなことを言われると、すぐに「げっ、ディスられた」などとプチパニックを起こしてしまいます。そもそも、この「ディスる」というネット用語があまり皆さんにとってよい結果をもたらしません。なぜならば、そうした杜撰《ずさん》な言葉では、**健全なる批判**が基本は愛情に支えられていて、かつ極めてクリエイティブな機能を持っていることが忘れられてしまうからです。この章を読んで、ぜひとも冷静な紳士淑女となりうる力を自覚しましょう。

正しい仕事の技法の身につけ方

「頭がよくなって、わからないことがないほど博識になり、質問なんかする必要もないくらいに色々なことがわかって、流れるように立派なことが口から出てくる。そして、人がうなるような名文をサラサラと書ける。他人からの批判を封じ込めることができる優秀な人間になりたい」などと願っていても、そのためにやるべきことを具体的に構想することなくジョブズの自伝を読んでいては時間の浪費です。それによって皆さんひとりひとりの潜在能力が目覚めないのなら、この社会が壮大な無駄を生み出していることになります。それは本当に大きな損失です。

私たちは、「こうなりたい」と思ったら必ずしなければならないことがあります。それは、「そうなっている自分をイメージする」ということです。でも、それだけでは曖昧な憧れから抜け出すことができません。「今の自分」と「そうなっている自分」をつなぐための適切な認識と具体的な技法、それらを表現し伝えるための言葉が必要です。

まずは、なりたい自分をイメージして、その時の自分の「仕事がデキることの意味づけ」を納得した上でトライすれば、仕事の技法は必ず身につきます。ここが肝心です。漠然と修練するのではありません。

理解して、納得して、その上でこの後に展開する7つのことを丁寧に自分のものにするのです。そうすれば、必ずあなたの水準はワンランク上がります。

理解してトレーニングするのと、闇雲にトレーニングするのとでは、異なった結果を生み出すのです。では始めましょう。

第2章

正しい出発点の設定の仕方

根拠なき「35点主義」から脱する発想転換

若手社員タケルと同期女子アスカの対話

タケル　「課長に叱られちゃったよ。俺ももう25だから、そろそろ立て直さないとこのままじゃヤバいかなぁ」

アスカ　「焦っちゃダメだよ。地味に仕事の水準を上げていくしかないわよ」

タケル　「新しい目標としてスティーヴ・ジョブズみたいな自分をイメージしようかな」

アスカ　「……目標が大きいのはいいけどさ、いくらなんでも大きすぎない？」

タケル　「目標は大きければ大きいほどいいって、ソフトバンクの孫さんが言ってたよ」

アスカ　「それも大きすぎるよ…」

タケル　「でも、俺の中学時代の友達で、ハーバードを出て外資系コンサルで、もう部長やってる奴がいるんだよね」

アスカ　「ほんと？　すごいね。仕事できるんだ」

タケル　「年収も2000万円だって。すげぇよなぁ。でもあいつツクコマ（筑波大附属駒場）出身だからなぁ」

アスカ　「ツクコマからトーダイに入って、ハーバードかぁ」

タケル　「いやぁ、憧れますよ。俺と同じ塾に行ってて、何でこんなに差がついたのかなぁ？」

アスカ　「でも、ヤミもなかなかのものだと思うよ」

タケル　「どこが？　全然ダメじゃん。俺なんか、あいつに比べたら35点くらいでしょ？」

アスカ　「ん？　あっ、トーダイ君が100点ならって意味？」

タケル　「うん。差は大きいけどさ、あいつに追いつかないとね」

アスカ　「その時からもう10年も経ってるんだから、簡単には追いつかないよ。そもそも、その差65点を埋めるために何するの？」

タケル　「頑張るよ、色々。でも、まず気持ちが大事でしょ？」

アスカ　「なんかそれ、大学浪人が決まった時と同じじゃないの？」

タケル　「ま、どうせ1浪だし（ふてくされて）」

アスカ　「**スタートの設定を間違えてるんじゃないの？**」

タケル　「間違えてないよ。憧れのあいつに追いつきたい気持ちの何がダメなんだよ？」

アスカ　「気持ちだけじゃ追いつけないわよ…」

GOAL
START

問題　スタートラインはどこに設定すればいいのか？

憂鬱な春先の自虐採点

タケル君の最大の問題は、正しいスタート地点を設定し損なっていることです。あることが理由となって、彼は正しい自分の再出発地点を設定することができなくなっています。いったい何が原因なのでしょうか？

4月始まり3月締めの日本の社会では、4月になるとすべてを新しく再スタートさせます。「さぁ、これから」とばかりに春の到来にウキウキしているたくさんの人々で街は溢れる一方で、浮かない顔をした人もちらほら見かけます。実に悲喜交々《ひきこもごも》です。

日本の社会では、だいたい高校受験の終わったあたりから「涙にくれる憂鬱な15歳の春」という不幸が顕在化し、横並びの関係においても人生の明暗を分けるようになります。とりわけ大学入試というものは、受験勉強が辛い分だけ幸不幸の落差は大きいものです。見渡すと名門大学に合格が決まって早くも自分の将来が約束されたと大勘違いをする者から、不本意な結果をきちんと受け止められず、雲がかったような気分をこじらせて、あたりかまわずカビ臭い負のオーラをまき散らして拗《す》ねている者まで様々です。

そして、これは学校を出た後の企業への入社になっても事情は同じです。今時分は不況の最中ですから、正規雇用の内定をもらえただけで文句は言うまいとする人も多いでしょうが、やっぱり大企業に就職できなかったという切ない気持ちが春先の若者の顔に暗い影を投げかけます。

中学の時同じ塾に通ったあいつは、当然のようにいい学校に行ったなぁ。就職だって1勝69敗でやっと内定もらった俺と違ってさ、一部上場で給料も手取りで月に5万くらい高いし。俺なんか明日も見通せない弱小メーカーだからなぁ。社食だってあいつの会社はガラス張りのテラスみたいなところだし、毎日専門の栄養士が作った和洋中のメニューから選べていいよなぁ。それに比べてウチの会社なんて、三角巾したおばちゃんが給食センターから運んできましたみたいな感じで、まるで区役所の食堂だもんな。こんなところ、他の会社のOLなんて絶対に食べに来ないよ…。

愚痴っていてもしょうがないので、やれやれと思いながらメンチコロッケ定食の最後のみそ汁を胃袋に流し込むと、あることに気がつきます。それは、「俺って、15歳くらいからずっと4月になると同じパターンで愚痴ってないか?」ということです。かく言う私も親に無理して受けさせられた県立高校に落ちた翌月の4月に、その学校の制服を駅で見かけるとよく目を伏せていました。それでいて「いいよなぁ、あの学校。共学だし、大学入試も国立にいっぱい合格してるし。俺の学校なんて男子校で教室のドアを開けると全部男でカラスみたいだし、いいところなんて何もないじゃん」と思っていました。大学に入った4月もそうです。春の野球のリーグ戦を神宮まで観に行き、向かいの三塁側の学生席から「トォーダァーイのチィカラー」と応援歌が聞こえてくると、自分も周りもなんだか下向いてしょぼくれていました。そして、へんてこりんな自己採点をするのです。

あれに比べれば俺なんて35点くらいだよな。

このいつもの力のない総括には、非常に残念な2つのことが含まれています。それは、「漠とした憧れを基準にすること」と「それと比較した根拠のない自己採点をすること」です。これから解放されないと人生は回りません。

100点対35点という不毛な比較

タケル君はこのままでは仕事の再スタートを切れません。その最大の理由は、彼が自分の評価を「35点」としてしまったことです。無理もないかもしれません。何しろ彼はなりたい自己イメージを構築するためのデータとして、ハーバードに行った超優秀な友人のことを念頭に置いてしまっていますから。その燦然《さんぜん》と光輝く姿と比べると、何とも自分がくすんで見えるのです。

さらに、その友人を「ハーバードだから」という根拠だけで、いきなり「100点」と決めつけます。そして、頭によぎった曖昧な印象や不正確な思い出を素材として自分の至らぬ点をピック・アップし、100点の友人と比較して自分を次々と引き算していきます。まず高校の段階であいつは名門校だけど俺は違うからマイナス25点だな。大学でまたマイナス25点で、ハーバードも行ってるからマイナス50点だろ？　残りはゼロかよ！

でも、自分を0点としてしまうとあまりに救いようがありません。こんな自分でも小指の先っちょくらいのプライドがありますから、まぁ35点くらいかなというわけです。卑屈なのか謙虚なのかよくわからない自己採点です。0点ってことはないけど、景気のいいことは言えっこないよ。やっぱ35点ぐらいだな。

　気持ちはわかりますが、よく考えると何だか不思議です。それは、あの憧れの友人を「100点」という基準に設定したことです。憧れやコンプレックスを持つのはわかりますが、どうして彼は100点なのでしょうか？　おそらく、そうしてしまう理由は1つしかありません。というか、それには理由などありません。

　身も蓋もないことを言ってしまえば、憧れや羨ましいという気持ち、妬《ねた》み、嫉《そね》み、といった感情には理由などないのです。そんなものに何らかの合理性があると考えると、話を次に進められません。人間の自然な感情ですから、そういう気持ちがあることと自体は何の問題もありません。

　問題なのは、そんな非合理的な憧れを、再スタートのための自己評価の基準点にしていることです。そんな曖昧なものを頼りに、当てにならない引き算をし、それでいてギリギリで自分を0点とすることを回避する切ない後出しジャンケンみたいなことをして35点をつける。そのことによって、逆に「行き場のない自分」を作り上げてしまっていることです。自分を35点にすることで、進むことも戻ることもできずに固定化させるのは謙虚とは言いません。弱気が生んだ杜撰です。

非現実的な65点の一気挽回

自分を35点と決めて人生の再出発をしようと思い立つ人は、実はこれまでの経験でわかっていたはずのことをすっかり忘却してしまっています。それは、65点もの点差をわずか数年で取り戻すことなど不可能であるということです。

それに加えてどうしても言いたくなるのは、わずか数年で自分がまるで別人のようになどなれはしないということは、短くも切ない人生ですでにわかっているはずだということです。15歳から25歳までの間に取り返せなかったものが、どうしてすぐになんとかなると考えられるのでしょう？　「最後の半チャンで大逆転だ！」となるのは、麻雀でも50回に1回くらいです。

このままでは、眠っている能力を引き出す作業に入れません。実行しづらい目標を設定することで、適切な作業工程表の作成も意味ある具体的作業もできなくなるからです。例えば、サッカーには最高難度のプレーに「ダイレクトボレーでスルーパスを出す」というものがあります。飛んできたボールを地面につけずに直接空中でキックして、かつ適切な強さと方向とタイミングでコントロール困難なパスを、味方の選手が走り込む相手の裏スペースに出すというものです。もしこれを100点と設定するなら、おそらく35点とは「2回に1回くらいはボレーで止まっている味方にボールを渡せる」くらいの水準でしょう。これを100点まで持っていくのは、わずかな期間ではとうてい不可能です。

こういう目標設定をしてしまうと、「まずは何ができるようにならなければいけないのか」という適切な問いを立てづらくなります。このままでは「どのタイミングでパスを出すか」というプロセスには進めないからです。ボレーキックをコントロールできない者は、飛んでくるボールを空中でとらえながら同時にスペースを見出すことなど絶対にできません。

でも、そんなことは（実は元サッカー部だった）タケル君にはわかっているはずなのです。それがわかるのに、どうして「仕事がデキる男になる」という話になると、こんな当たり前のことを忘れてしまうのでしょうか？

提案 「今が100点」と考えよう

まずは100点を103点にしよう

正しい出発点を設定するのは、実はそんなに複雑かつ大変な作業ではなく、「え？それでいいんですか？」と尋ねたくなるくらい非常にシンプルなことです。それは次のようなことです。

「今の自分を100点と決める」

これには2つの意図が込められています。1つは35点という落第点ギリギリの語感を回避することで、不必要なコンプレックスを薄めることです。人間は「今の自分はどうしようもないのだ」と考えていては、あまり力を出せません。それは当然です。未来よりも、「こうなってしまった原因の含まれる過去」のことばかり考えてしまうからです。

もう1つは、自分はトータルな「人間として」は今のままでいいのだと自己暗示をかけることです。仕事なんかできなくても、人間は弱い者イジメをせず、きちんと感謝と謝罪の挨拶ができて、正直であるだけでいいのですから。

「原則これでいい。今の俺は100点なんだ」と思うことで、何かが欠落した自己イメージから生まれる曖昧なコンプレックスが薄まります。人間とは言葉に脳内が影響されるもので、不思議なことにこのことで冷静な心のリズムを取り戻すことができるのです。そして、シンプルですが健全な次のような言葉で自分に向かって言い聞かせ、問うことができるようになります。

「今のおまえが100点だ。次は103点だ。そのために何をすべきか具体的に考えろ」

繰り返しますが、人間はいきなり65点も水準を上げることができません。ましてやタケル君の場合は、「課長に仕事がデキないと思われている自分の水準を上げる」という大変な目標なのですから、そう安易にできるはずがありません。だから「しょせん俺は35点だ」と考えるところから始めてしまうと、100点までの道筋は「どうやって到達するのかもイメージできないほど遠い…」という気持ちに押しつぶされかねません。

「どうせ35点だし」という気分と、「さてさて100点からどうするかな」と冷静に考える態度は天と地ほどの違いです。言葉上ではわずかな違いかもしれませんが、自分のハートに与える影響は大きく異なります。これは本当です。

空虚な「ガンバリマス」

そして、103点になるために何が必要なのかを「具体的に考えよ」の部分が極めて重要です。例えば前章にも出てきましたが、タケル君は営業の報告書を提出したところ、上司に「書き直し」とされてしまいました。慌てて書き直し、次の全体会議の際に4人の営業部の同僚とともにプレゼンをしました。しかし、プレゼン終了後、隣の課の上司から「何だかゴニョゴニョ言うだけでよくわからない営業報告だったな」とダメ出しをされてしまいました。

タケル君の指導を任された課長は、報告書を読み終わったところで1回、会議が終了したところで2回目の深いため息をつきつつも、「営業報告書と本日の会議でのプレゼンを全体として自己採点するとどうなるかな?」と問うでしょう。報告書を出し、ただプレゼンするだけでは、タケル君が仕事師として成長するための半分の工程にしか来ていないからです。

すると、タケル君は予想通りまた曖昧なことを課長に向かって言います。

「もっとちゃんとまとめなきゃダメだと思いました。内容がけっこうスカスカで、もっとわかりやすくというか…。ダラダラ書いている感じで、もっとちゃんと理解してまとめるというか…」

こういう何度も聞いたことのある表現を耳にすると、もうこれだけでタケル君の行く末が心配になります。何がマズいのでしょうか？

実はタケル君の自己採点には、何がダメなのかが〝具体的に〟示されていません。だから、それを克服するためには〝具体的に〟どうしたらよいのか、その修正のためにどんな作業やトレーニングをしなければならないかが決められないのです。例えば、自分のプレゼンに関して「レジュメをただ読み上げるだけでアイコンタクトが全く取れませんでした」と具体的に問題を指摘すれば、「では、なぜ取れなかったのか？」と自ずと問いは立ってきます。そして、「発表原稿の内容が十分に頭に入っていなかったために読むことに気を取られ、他の営業部の人たちに語りかけるという意識が弱かったから」と原因や認識が浮上してきます。

そうなれば、「余裕ある息づかいと眼差しづかいを可能にするために、プレゼン原稿をもう5回精読すればよい」というように、問題克服のための作業と訓練内容を「具体的に」決めることができます。「どうにも報告が滑らかに進まず、取り留めのない雑感みたいな発表となってしまった」なら、次にやるべき具体的作業とは「メモ書きではなく、きちんとプレゼン原稿を作ってみる」になります。こうした具体的な克服方法をこなしていくことで、100点から103点を確実なものとさせていくわけです。

シンプルだけど大切なこのポイントを十分意識できていない人は、このことに気がつく前には必ず「もっとデータや調査資料を深くとらえられるように頑張ります」というようなことを言います。デキる上司は即、言い返してあげねばなりません。

「『頑張ります』には、問題解決のための具体的作業が含まれていないよ。何をどう頑張るのか、具体的に決めてくれ。『深くとらえる』ってどうすること?」

「ガンバリマス」という言葉は、昔はアイドル歌手が使う言葉だったわけです（古いですね）。そんな精神態度に関する空虚な言葉を何万回聞かされたところで、課長も困ってしまいます。

ぬるーい学校という避難所から出たばかりの若い働き手の皆さんの中には、まだ「頑張るなどということは、そもそも仕事の評価項目にすら入らない」ということをわかっていない人がいます。

頑張るのは当然です。頑張れないなら辞めて別の仕事をするべきです。必要なのは、「何をどのようにどれくらい頑張るか」です。「ちゃんとする」では行動計画が立ちません。それでは、100点を103点にする行動のきっかけがわからないのです。

「できないこと」の確認

このように考えると、新しいスタートを切るのに必要なのは誰かとの距離を測ることではなく、「今、自分が立っている場を可能な限り正確に把握することだ」ということがわかります。「あいつみたいになりたい」ではなく、「今の自分のよさと悪さを確認すること」の大切さです。

ここで注意しなければならないのは、あくまでも「可能な限り」ということです。なぜならば、ほとんどの人が誤解していますが、自己評価などというものはもともとあまり正確ではないからです。自分や他人を顧みて、失敗したりどん詰まったりする事態を冷静に思い出してみると、多くの場合それは「俺のことは俺が一番わかっている」という思い込みから生じています。

それならば、どうすれば自分のたたずまいをより正確に知ることができるのでしょうか？　言わずもがなですが、一応言っておきましょう。

「だから、まずは学校に行って複数の他者からの評価を全身で浴びましょう」

これも誤解されていますが、学校に行く意味の中には「他者からの評価と自己採点のすり合わせをする」という大切なことが含まれています。「俺のことは俺が…」という全く当てにならない自己評価を少しでも正確にするためです。

そして、「よさ加減」と「悪さ加減」を比べれば、100点を103点にするために役立つデータは圧倒的に「悪さ加減」、つまり「できなさ加減」の方です。当然、このことは学校を出て会社にいる人間にも当てはまります。**社会で働き、そこから何かを学ぶ、そして少しずつでも水準を上げるためには、他者からの評価を全身で浴びなければなりません。**

曖昧な憧れと根拠薄弱な自己採点という眠ったような状態から脱して、100点を103点にするための具体的な作業を考えるためには、克服すべきものを徹底的に把握しなければなりません。つまり、そこで必要な認識とは自分に「できること」ではなく、圧倒的に自分の「できないこと」なのです。そのことを前提に逆説的なことを言えば、真っ当な大人が重視する能力とは「何かができる能力」と言うよりもむしろ、「何が自分にはできないのか」を冷徹に把握する能力の方です。それを正確に知った時に、我々は克服すべき具体的作業を決めることができ、100点を103点にする計画を立てることができます。

仕事をする人々の生きる世界では、「自分は何ができないのか」と冷静に向かい合うこともせず、ただ漠然と「今の自分は本当の自分ではない」と思っている人間は〝残念君〟と呼ばれます。己の仕事の水準を上げる新しいスタートを切ろうと考えるすべての人が、まずは何が何でも脱しなければいけないのがこの状態なのです。

自己実現などしなくてよい

人間は、何に縛られているのかわかったものではありません。今日、誰が言い出したか定かではありませんが、「自己実現」などという意味不明な言葉を使って、不透明な未来を大雑把に考える悪い習慣が流行しています。そのために善良で真面目な、大変な数の若者ががんじがらめになっています。

先に示した「今の自分は本当の自分ではない」と思いこんでしまう病状とセットになっているのが、この「自己実現しなきゃダメじゃねぇ」症候群です。その患者に言わせれば、自己実現できない人生は負け組だそうです。本来なら自己実現できていなきゃいけないのに、今もなお「やりたいことが見つからずにいる」、本当の自分にいまだになっていない状態。「自己を実現する」という、このトンチンカンな言葉の困ったところは、実現すべき自己の未来像があたかも客観的に存在しているかのように、それを前提にしていることです。自分は現在こんなに不甲斐ない状態だが、いつの日かここを脱して「別の何か」になっているはずだというわけです。

しかも「実現する」わけですから、おそらく具体的な何かが想定されているのでしょう。例えば、仮に「公務員」を想定しているとします。「ついに自己実現を果たして公務員となった」ということになるわけです。

しかし、公務員になることが自己実現なのだと言われても、申し訳ないのですがなんだかとっても落ち着かない感じがします。「自己実現としての区役所職員」と言われても、地方公務員として区民の役に立つ者となれるかどうかはまだ全然わからないのですから、やっぱり違和感はぬぐいきれません。そう言うと、「そうじゃなくて、もっと『自分らしさ』を前面に押し出していくっていうか、個性溢れる感じなんですよ」と言い返されます。これがまた申し訳ないのですが、こちらにはますますわからないわけです。

「自分らしさ」を発揮できて、自分に合った仕事をして活き活きとしているという意味での自己実現と言われても、「自分らしさ」というものが何なのかさっぱりわかりません。繰り返しになりますが、通常人間は自分らしさを知る方法を原則として１つしか持ち合わせていません。それは、「他者の評価を通じて」という方法です。

「自分らしさ」とは、自分からにじみ出てくる匂いというか、エキスやオーラみたいな「これが自分らしさというものだ！」と確認可能なものではありません。「ちょいと、アンタ。臭うわよ」と他人に指摘されて、「え？」と不思議なことを耳にした表情で受け入れる類のものなのです。だから、「自分らしさ」とは、自分ではおいそれとはすぐに納得できないような、他者によるイメージを核にしています。

それから、どうにも順番を間違えているような気がするのが「自分に合った仕事」という発想です。「褒めて育てる」ということを誤解した両親から「あなたはすでに確立された人間なのよ。自信を持って胸を張っていなさい」と言われて育てられた人は、自分が仕事で活き活きできないのは、それが「私に」合っていないからだと自ずと考えがちです。切ない勘違いです。根拠なき万能感です。

この世になぜ仕事というものが存在するのかといえば、それは「あなたに必要だから」ではなく、「この世の中に」必要だからです。だから、あなたと仕事の関係とは、「あなたが仕事に自分を合わせる」以外にないのです。このあたりの誤解も間違ったスタートライン設定になる大きな原因の1つです。

「自己」とは、自分の欲望＋他者の評価

こうして書いて来ますと、一番の勘違いポイントは「自己の理解」のところだとわかります。「自分とはこうだ」という自己規定や、「自分はこのくらいの水準だ」という自己評価がすでに確定していることを前提に、ままならぬ人生に対して勝手にブルーになっている人々が自己実現という言葉に乗せられてしまうのです。自己評価とは、「自分でした評価のこと」だと思っているからです。最初のボタンをかけ違えているのです。

ここまで読まれた方の中には、「それでは人の言いなりになってしまうではないか？」と疑問を持つ人もいるかもしれません。自分でする採点は当てにならないとすれば、もう他人の言うことに右往左往するしかないというわけです。白か黒かと考えれば、そうならざるをえませんね。

でも、すでに経験的におわかりだと思いますが、人間の自己理解というものは、他者からの評価だけで成立しているわけではありません。何よりも自己の欲望が明確で

なければ意味がありません。自分は何者かという問いに意味があるのは、「自分はかくありたい」という展望と願望がセットになっているからです。つまり人間の自己理解とは、根本的なものとしての自己の欲望＋他者の評価の織合わせとしてのみ成立するのです。

私たちはこのようにありたい、あのようになりたいと願う一方で、他者の目に映る自分は全く異なるものであることを知り、時にはその差異に眩暈《めまい》を感じ、葛藤したり悩んだりします。そうしながら、そのことで人間は自分の持つ願望や欲望のトーンを変えたり、ニュアンスを複雑にしたり、欲望の向かう対象を微妙にずらしたりすることもあります。これはどちらが正しいのかという話ではありません。

一部の大天才とは違って、この世界を他者との関係の中で生きていく以外に道のないほとんどの人々は、自己の持つ甘美なる願望交じりの気持ちと、他者のもたらす意外な評価とを両方取り込みます。それと同時に滑った転んだと生活し、かなり老年の域に達した時に「まずまずオモロい日々やったな」と振り返るのです。つまり自己実現できたかどうかなどというのは、そういう死ぬ間際の後々のお話なのです。

合言葉は「勇気」

先に私は、「今を100点とすることから始めましょう」と書きました。そして、100点から始める理由、つまりどうして35点からではダメなのかを書きました。それは、「今の自分はしょせん35点だ」という自己評価が「このままじゃダメだ」の域をほとんど出ない、先に進むきっかけを与えてくれないものだからでした。同じ理由で、「自己実現」も当てにならない前提の上に成立した、あまり意味のない言葉なのです。

昔、大学に入学した頃に仮面浪人がバレてしまった友達がいませんでしたか？　自分のいる場所が納得できず、勝手に35点と自己採点する。それでいて何ら具体的な新しい努力計画も立てず、言い訳のように「ガンバリマス」と言って、大学と予備校の両方を行ったり来たりして何だか暗い顔をしている。「今が100点なんだ」というところから始めれば、眠っていた実力をドンドン発揮できたかもしれないのに。

もう一度言います。スタートラインを間違えてはいけません。「漠とした憧れ」と「曖昧な自己規定」に基づいてスタートを切る人は、必ず行き詰まり、地に足のついた前進も成果もなしにくすぶります。「今の自分は本当の自分ではない」と自己評価し、いまだ自己実現できていないことに焦る。具体的には何もできず、自分に仕事が合っていないと転職を続け、その度ごとにキャリアを下げる。まさに、かつて見た光景です。「この大学は俺に合っていない」と、まだ地力も何もついていないのに勝手に自分で決めつけ、仮面浪人をして夏休み前には「寝たきり浪人」となり、何も変わらず、何も見出さず、戸籍年齢と皮下脂肪だけを増やして、翌年また同じ教室に姿を現わす。「俺には俺のやり方がある」と言い訳をしているあなた。あなたはこれまで「俺なりのやり方」を続けてきて、〝こう〟なっているわけです。今後もまた「俺流」でスタートを切れば、何十年経っても自己実現できません。このままでは、普通の人間が成長する時の唯一のパターン、「100点を103点にすることを実効的な計画にしたがってやり続ける」という、地味な王道を歩むことはできません。

これは能力の問題ではありません。ひとえに「勇気」の問題なのです。

第3章

「頭がいい」の正体

能力は「ある」「なし」の2択ではない

若手社員タケルと同期ヤマトの対話

タケル　「人事のサメジマってさ、頭いいよなぁ」
ヤマト　「サメジマって、あの背の高い、面白くない奴のこと？」
タケル　「面白くない？　でも、あいつの脳みそスゴイよ」
ヤマト　「そうか？　スーツなのに白ソックス履いてくるようなダサイ奴だろ」
タケル　「そうかもしれないけど、あいつさ、俺ら営業部全員分の個別データが全部頭に入ってるらしいよ。課長がそう言ってた」
ヤマト　「なんか気持ち悪いなぁ。ちゃんと個人情報保護されてるのか？」
タケル　「それにさ、人事なのに開発部の持ってる商品データなんかも全部知ってて、何でそんなに詳しいのか聞いたら、昼休みに読んでたら全部覚えちゃったんだって。スゴイだろ？　やっぱり頭いいよ、あいつ」
ヤマト　「頭いいって言ってもさ、知ってるだけだろ？」
タケル　「知ってるだけ？」
ヤマト　「**知ってるからって、頭いいとは限らないよ**」

C
B
A

タケル　「意味がわからないんだけど」
ヤマト　「ＡＫＢ全員の出身地とスリーサイズを知ってたら頭いいのか？」
タケル　「そりゃいいだろ？　そんなの俺、無理だもん」
ヤマト　「そんなの覚えてなくても、おまえはもっとすごいじゃん」
タケル　「何、それ？　もしかして褒めてる？」
ヤマト　「当然だよ。スゴイじゃん、おまえの妄想能力って」
タケル　「でもバカだぜ、俺」
ヤマト　「違うよ、そういう話じゃないし」
タケル　「何が？」
ヤマト　「やっぱり頭よくないわ、おまえ」
タケル　「何、それ…」

問題

「頭がいい」という言葉に飲み込まれてませんか？

大雑把すぎる「頭がいい」という言葉

昨今は、ニヤニヤしながら「はじめまして！　えーと、自分けっこうバカなんでぇ……」などと自嘲気味に自己紹介をする人がいます。謙遜するというのもなかなか注意深く言葉選びをしないと切ない誤解を与えますから、少なくとも「生来の不器用者で、人様よりものがわかるのに少々時間を拝借する体たらくぶりでございます」くらいの言い方はしてほしいものです。

でも、そんなことより最も脱力してしまうのは、「自分は頭が悪い」とする時の理屈の方です。大学の新入生にも「俺、附属出身の超バカなんでぇ」と言う人たちがよくいます。「附属だからバカ」というのは、「受験勉強していないからバカ」という意味でしょう。この本を手にされている皆さんは学校を出てそれなりの時間を経て、自分がやってきた受験勉強が健全な知性の鍛錬に最適な作業だったとは言いがたいことにお気づきでしょうか？　これから説明しますが、受験勉強という苦行の末に身につけた能力とは、人間の持ちうる「頭がいい」の一部分を鍛えるものにすぎません。

しかし、7歳から会社に入るまでの15年ほどの長い学校生活の華々しいシーンばかりが記憶に残っていますから、頭がいい人のイメージも頭が悪い人のイメージも、単純に固定化されてしまっています。これをもう一度作り直したり柔らかくしたりするのは大変です。まさに心の習慣となってしまっているからです。

先生の質問によどみなくスラスラと正解を答えたことに対し、教室では「おおっ！」という驚きと賞賛のため息があがる。「あいつ、ちょーアタマいいじゃん！」となるわけです。だから、社会人になってもそのイメージを引きずって、ちょっとうまくいかないと「僕は○○さんみたいに頭がよくないし」と、会議などで議論する時に言ってはいけないフレーズを使ってしまうのです。

私もそのような自信のない発言をされると切なくなって、「能力なんて1種類じゃないでしょう？」と何度も言います。でも「いいんですよ、先生。無理に励まさなくてもわかってるのよ、あたし」などと、場末のスナックの拗ねたママみたいなことを言い返してきます。最初から「頭がいい」の単純なイメージに巻き込まれて金縛りになっているのです。もったいない。

提案　「頭がいい」の種類を分けて考えてみよう

自分のよさを発揮できる土俵を見つけよう

本書の他の章でも色々な問題を扱っていますが、私は1つのことを言っています。それは、「大雑把に何もかも一緒くたにしないで、話を分けましょう」ということです。

特に本章のテーマ「頭がいいの正体」においては、話が味噌も何とかも一緒くたにされている場合が非常に多いのです。「頭がいい」ということの意味と種類をきちんと仕分けておくと、次のような効能が生まれます。

それは、**自分の戦える土俵を発見できる**ことです。

人間は、すべての土俵で、すべての勝負に、いつでもよい闘いなどできるものではありません。その時点で、もったいない決めつけをしてしまっている方々が国立競技場100杯分くらいいます。第1章同様、それでは先に進めません。そこから抜け出さないと、自分がどういう類の能力を向上させていくべきかという大事な問いが立ち上がりません。もし、人間が持っている様々な種類の能力を知れば、学校なんて行かなくても自力で世界を切り開いていける可能性もあります（あくまでも「可能性」です）。

この話は考えれば考えるほど深く、正解が1つだけあるような話ではありません。でも、本書では皆さんが眠っている力を引き出せるようになるために、「頭がいい」を4つの種類に分けてみます。

最初の3つは、多くの方によく知られたおなじみの「頭のよさ」です。人間には得手不得手というものがあります。自分はいったいどの頭のよさに射程を定めていけばよいのかを推し量るためにも、それらをよく確認することが大切です。

最後の4番目は、それまでの3つとは全く異なる視点で考えたものです。これは、また別の意味で皆さんを勇気づけるでしょう。と言うよりも、そういう気持ちで私が皆さんに訴えかけたいことです。これにより、「過去の忌まわしい自分」という決めつけからご自身を救い出すことができるかもしれません。

ビジネスでの即戦力的なアドヴァイスになるかどうかはわかりませんが、独自の力を発揮している企業や職場のリーダーたちは、この4番目の能力を備えているか、あるいはその重要性に気がついているはずです。

頭がいい① 知識のストックが多い

受験勉強の目的は、非常にはっきりしたものでした。簡単に言えば、ものを考えるための素材としての基礎データを、とにかく一定程度頭に詰め込むことです。だからそれは、ある特定の目的のために基礎データを自分なりに解釈し、自己の価値観にしたがって評価するということではありませんでした。

ものを考え評価し決断するためには、データとしての知識が必要です。それがないと思考ができない、もしくは思考が大きく制限されてしまいます。この点に関しては、会社でも学校でも全く事情は変わりません。特にビジネスの現場では、データを取り入れないと苦しいでしょう。

例えば、「紙に印刷し戸別宅配を基本とする新聞というビジネスモデルは今後も成立しうるか？」という問いを受けて、いずれかの判断や評価を導き出す必要がある時には様々なデータが必要です。全国紙や地方紙は、発行部数がどれくらいなのか、企業や団体向けと一般家庭向けの販売部数は各々何パーセントくらいなのか、発行コストのうち人件費や原料費以外に輸送費にどれくらいのコストがかかっているのか。そういった基本データと、日本独特の新聞ビジネスの背景知識がなければ、議論などできるはずがありません。もちろん評価もできません。

非常にあっさりと済ませるようですが、次のことを思い起こしていただければ、この話は終わりです。つまり、**「データがなければ議論はできない」**ということです。幾度となく繰り返された受験勉強において、歴史年号や英単語や漢字を暗記した理由は、これです。受験勉強は〝暗記ばかりだから〟虚しかったのではなく（確かにそう思ったことはありますが）、〝なぜ暗記が必要なのかを適切に説明してもらえなかったから〟虚しかったのです。18歳まではひたすらデータを暗記しなければ、大学やビジネスの場で役割を果たす際にするべきことができません。つまり、「考え評価し決断する」こと、その最初の「考える」ことすらできないのです。

この意味で、「情報量が多い」「データがたくさん頭の中にストックされている」という能力は、極めて重要かつ優れた能力なのです。受験時代にたまにいた世界史や日本史のオタク君たちは、１つの意味における俊秀であり、高い評価に値します。

１２０人を超える歴代日本の天皇の名前を、そらで言えるということは大変なことです。ヨーロッパの１０００年分くらいの王朝の系図と王の名前をすべて頭に入れている人には、純度の高い敬意を抱きます。サメジマ君のように「人事部なのに開発チームの持つ膨大な資料やデータが頭に入っていること」も、それはそれでスゴイことです。

繰り返しますが、詰め込みがいけないのではありません。**詰め込んだ後にデータをどうするかという展望を考えることなく、詰め込むこと自体を目的化するのがいけないのです。**言うまでもなく、データそのものに価値や意味があるかどうかを、データ自らによって語らせることはそうそうできません。「データがある」という事実がイコール知的とは言えないのです。これは単純な話で、データが大量に入ったコンピューターが知的かどうかを問うことはナンセンスでしょう。

私の知人に、ベルギーのサッカーリーグに異常なまでに詳しい人がいます。2部リーグの弱小チームの第3キーパーの奥さんの実家の名前がわかる、みたいなレベルです。しかし、その知識が「何のために」「どういう意味で」「どういう形で」活かされているかを知らなければ、その人のサッカー観戦における「知性」は総合的に評価できません。ベルギーの2部リーグについて、舌を巻くほどの情報を大量に持っていても、それがサッカーを堪能し理解することとほとんど結びつかない「ただ知っているだけ」の場合だってあるからです。そうなると、その人は「頭がいい」のではなく「人に危害を加えないカルト君」だということになります。

それがサッカーなら何の問題もありませんが、仕事となると困ります。営業社員が担当エリア30店舗の年間総売上高の数値を全部暗記していたら大したものですが、「部長、相模大野店の昨年の売上は9538万7123円です。ちなみに溝口店では7682万3471円です」と言われても、それだけでは「だから何なんだ?」という話なのです。

頭がいい② 知識の処理が速い

私たちがこれまで見てきた優等生の多くが持っている典型的能力が、この「情報処理能力」です。この手の頭のよさを持っているのが、日本の社会で「エリート」と言われている人たちです。大量に流れてくるデータを根性で頭に詰め込むだけでも「よくやるよなぁ」と感心するのですが、のみならずそのデータをある法則やルール、お約束に照らして分類し、整理する能力の高いこと高いこと。

どうして、こんなに早く分類と整理ができるのでしょうか。それは、データから共通の性格を発見して把握する抽象能力と、ある特定のパターンを教えてもらうと脇目も振らずそれに集中できる能力の2つによって構成されています。

まず前者の能力から見ていきましょう。情報を分類整理するには、ある性格づけをきっかけに大量のデータの中から任意のものだけをすぐに取り出せることが必要です。これは目の前にある実体としての物やデータそのものをじっくり観察して、その形状、匂い、大きさなどを「感じる」能力というよりも、「これはこういうものだ」と性格づけを抜き出して言語化する能力です。これが、抽象能力です。例えば、本を読むという作業は言ってみれば大量のデータを取り入れることです。数百ページに及ぶ文字の羅列ですから、全部その場で暗記できる人はいません。抽象能力とは、大量のデータを俯瞰して「要は〇〇だということを言っているのですね」と相当な速さで言うことができる技能です。小学校の頃は、「まとめる力」とも言いましたね。

私は冗談も嫌みも抜きで本を読むのが遅く、同業者の皆さんがとっくに読了している資料や論文をぐずぐず後追いして読み、周回遅れでコメントしたりエッセイにしたりしてきました。博士論文を書くのも、人の何倍もの時間をかけました。だから、この能力に長けている同業者（ほとんどすべての人ですね）にいつも深い敬意と「こりゃ、かなわんなぁ」という劣等感を抱えています。私の属する世界では、この力は学者として要求される「ほぼ9割」を占めるといってもよいくらい大事な能力です。

ただし、この能力にはもう1つのヴァリエーションがあります。それが先に示した後者の「ある特定のパターンを教えてもらうと脇目も振らずそれに集中できる能力」です。例えば、人は、軍人が威張り散らしたり、政治家の間違った判断を改める手段がなかったり、戦争に負けたりした結果、「ああ、やっぱり民主政治って大事なんだなぁ」という認識に到達します。しかし、このタイプの力を持った人は、それを実感することも苦しい葛藤をくぐることもなく、「マッカーサーが言っているから」という理由で「じゃあ、これからは民主主義ってことで」とあっさり答えを出します。パターンとやり方を理解して、要求されている答えを先回りして用意する能力が著しく高いのです。しかも処理が速いので、民主制に関するデータもあっという間に確保してしまいます。

この時、正確に言うと優秀な彼らはデータそのものと格闘するのではありません。データとの格闘の仕方をマニュアル的に頭に入れて、そのパターンを覚え、法則通りにすれば教師（この場合はアメリカ）が要求するものに対応できることを発見するのです。その際には、もはや「我々の社会に民主主義は本当にフィットするのか?」とか、「マッカーサーの言うことも誤りがたくさんあるのでは?」という疑問には全く関心も注意も払いません。ひたすら「こうすれば褒められる」ということだけを心の支えに、それこそ脇目も振らずに問題を処理するのです。だから、情報処理のスピードは速くなります。当たり前です。彼らは考えるのではなく、パターンにしたがって「反応」し続けているだけですから。ちなみに、こういう対応作業やそれに類する営みのことを、私たちは一般に「答案作成」と言います。考えるのは、「我々にとって民主制とは何なのか」ではなく、「どうしたらこの手の問題に最速でリスクの低い解答を提示できるか」なのです。いずれも「知っているだけではなく、そのデータをどのように処理するか」に関する「頭のよさ」ですが、やっていることは全く異なります。

確かに、データ処理が誰よりも速くできる者は、頭の回転の速い者とされるでしょう。でも、この世の中には、あえてスピードを落として考えてみるべき問題もあります。これまでにないオリジナルな判断や認識が生ずる時は、誰かが「遅い処理」から生まれる豊饒なデータ解釈をしているのです。

ですから、**処理が速いということは、逆に言えば既存のパターン以外の意味づけ作業や順位づけ判断ができないということを意味します。**不測の事態には対応できない「頭のよさ」ということです。もちろん、そういう頭のよさが人々を幸福にするために必要な場面もあります。

でも、そのように考えることで「かなわないなぁ」という気持ちから抜け出し、「要するにお利口さんっていうだけだろ」というよい意味での突き放しができ、ひたすら憧れるのはバカらしいという気にもなれるでしょう。そりゃスゴイけど、それだけの話だろ。本当に「スゴイ」というのとはちょっと違うよな、と。

頭がいい③　知識の前後左右にあるものに気がつく

「情報がたくさんある」と「情報を高速に処理できる」の2つは代表的な「頭がいい」ですが、よく忘れがちなのが、「情報の脇や前後に漂っていることに直観的に気がつく」という頭のよさです。ピッタリ当てはまる言葉がなかなかないので、とりあえず「想像力」としておきましょう。〝イマジネーション〟と言うと、また少し幅の広いニュアンスが出るかもしれません。

これは**与えられた情報をそのまま受け取り、表面的で最大公約数的な意味やメッセージに限定して判断するのではなく、その情報が示していることから「多様な推論」を繰り返して、「いくつかの条件に何らかの変化があった場合には、その条件に応じて別のことも起こり得る」と展開できる頭のよさです。**

これには、普通の人間が合理的な推論をすればたどり着ける地点までの道筋を適切に示せる優等生タイプの想像力と、誰もが考えつかないような地点を直観的に示し、多くの人に新しい発見と事態の持つ可能性を指し示す想像力の2つがあります。

後者の頭のよさのスゴイところは、その能力の実態や生成の仕方、育ち方、消滅の仕方が、ほぼまだ何も解明されていないことです。要は、「気がついちゃうんだから、しょうがない」ということです。

前者の優等生的想像力とは、具体的にはどういうものでしょうか。ある地域の貧困率と犯罪発生率の関係を問う事例で考えてみましょう。「貧困地域では犯罪が多い」という考えは、かつての日本の社会においては、さほど現実とかけ離れた解釈ではありませんでした。豊かな日本社会が実現する以前においては、犯罪、とりわけ青少年犯罪の原因と背景をたどってみると、ほとんどの場合は貧困の問題に到達することが多かったのです。

「貧困」→「可処分所得が少ない」→「教育水準の低下」→「希望喪失と精神的荒廃」→「犯罪」という想像力、あるいは推論です。これを示すために必要なのは、ある地域の犯罪発生率というデータと貧困率というデータをただ持っているだけでなく、その2つを結びつけて因果関係を推定するという頭のよさです。

しかし、1980年前後あたりから、こうした貧困と犯罪の関係では説明できないような青少年犯罪が散見されるようになってきました。犯罪に手を染めた青年の生活背景を見ると富裕な家庭が多かったのです。物質的には何不自由なく育った若者が、これまでの通念の範囲では解釈できないような動機で、あるいは明白な動機に促されることなく犯罪行為に至る事例が増えてきました。

受験に失敗した浪人生が夜中に両親を金属バットで殺害するという衝撃の事件が発生した時、何不自由なく育った裕福な郊外住宅に住む若者が凶悪犯罪に至った理由を、当時の一般人は思いつきませんでした。「どうして何不自由なく育った坊ちゃんが親殺しなんかするんだ？」というリアクションです。

ところが、受験勉強をしていた私の畏友のひとりはその事件について「なぁ、世間はバカだな。本当にわかってないよ。『金持ちの家の出なのにどうしてそんなことを？』じゃないよ。金持ちだから心が荒むんだよ」と一点の迷いもなく言い切っていました。そして「ヤツ（犯人の青年）は親を殺したんじゃないよ。大学に受からなくても不幸にならない自分自身を消してしまいたかったんだ。おまえ、そんなこともわかんないのかよ？」という謎の言葉とともに、心配そうに私の顔を見ていました（ちなみに、この友人は超難関国立大学へ入学後、「学校なんてくだらねぇよ」と数カ月で退学してバイクで世界中を旅行していましたが、現在行方不明です。おそらく行き着いた果ての国の言葉で同じことを言っているはずです）。

私は彼のような知性にそれまで遭遇したことのない凡庸な高校生でしたから、「豊かだから心が荒むんだよ」と言われたことにショックを受けました。でもその後、彼の言ったことは日に日に自分の中でリアリズムを獲得していきました。今日では、「豊かな家庭の若者ほどヤサグレるとタチが悪い」というのが一般的な社会通念になりつつあります。彼は10代でそのことに気づいていたのでしょうが、どうしてそんなことが可能だったのかはわかりません。とにかく、そういう本質的なことに〝気がついてしまう〟能力だったのです。

ちなみに、こうした能力は必ずしも迅速なデータ処理、問いに対する効率的な情報分類といった2番目に指摘した頭のよさを必要としません。また、この直観力はいくら時間がかかろうと、いつ生み出されるかわからなくとも、それ自体の価値はいささかも損なわれることはありません。学校教育では、この能力を評価する側にも同等以上の能力とセンスが要求されるために、必ずしもきちんと評価されていません。教師がこうした能力に無頓着な「ペーパー試験秀才」だと、察知できないのです。

例えば、国語の時間に「傍線部の作者の気持ちはどのような気持ちですか？」という問いに対して、答案用紙に「色々な気持ちがあります」と書く9歳の子どもの頭のよさを見誤ることになります。また、子どもの発する想像的な質問を前にして言葉を失うことも起こります。筆者が衝撃を受けた子どもの質問は、「目よりも大きなものがどうして見えるのですか?」というものでした。塾のテスト問題の「次の漢字を読みなさい」という文を見て、ひとりだけ漢字をその場で〝音読〟した子どもも忘れることができません。

18歳までの学校生活では、そうした子どもはおそらく相当の確率で冷や飯を食うことになると思いますが、19歳以降は(そういう能力を見定める人間が周りにいると信じれば)ただの秀才を隅に追いやることのできる「頭のよさ」になるというわけです。

この頭のよさは、仕事の上で必ず何かを生み出すでしょう。

頭がいい④　わかろうとしない力

最後の「頭がいい」は、情報をどうにかする能力というよりも、むしろ己の肉体感覚にとって納得できない違和感に関して、手綱を緩めない粘着力のようなものです。名づけようもありませんが、とりあえず「わかろうとしない頭のよさ」とでも言うものです。これは何でしょうか?

私は、小学生の頃に好きだった算数の時間が突然黒い雲がかかったように嫌いになったことを今でも思い返すことができます。算数の「足す」「引く」「掛ける」「割る」という四則計算は、ある学年のレベルまではビジュアル的にイメージできるものでした。掛け算の4×2は「絶対数としての4が2個あるんだ」と頭に浮かべ、割り算の6÷2は「6つの林檎を2つに分けるんだ」と頭に浮かべて納得していました。幸福な時代です。

しかし、だんだんと授業が複雑になり、分数の四則計算になった時に、私にとって「政治判断」を迫られる時がやって来たのです。$\frac{3}{4}$×2あたりまでは何とかなりました。絶対量としての$\frac{3}{4}$というものを「2個」イメージすれば1と$\frac{2}{4}$となりますから、答えは1と$\frac{1}{2}$です。

ところが、どうにも困ってしまったのが分数同士の割り算でした。$\frac{1}{4}$÷$\frac{3}{4}$となった時、林檎や団子を頭に思い浮かべてイメージすることができなくなりました。「$\frac{1}{4}$を$\frac{3}{4}$で割る?」。頭の中にはいまだ、具体的な「割られている何か」のイメージがゼロのままです。私は焦りました。それまで良好なパフォーマンスを誇っていた算数の時間が屈辱と焦燥の時間へと暗転したのです。できた人? はーいっ! あれあれ? 憲ちゃんはどうしたのかなぁ? ぐぬぬ。

この分数の割り算は、「イメージなど一切気にせず」、要は$\frac{1}{4}$÷$\frac{3}{4}$を$\frac{1}{4}$×$\frac{4}{3}$

とする、つまり$\frac{3}{4}$を逆さまにして割り算ではなく掛け算にすればいいのです。実際にそう教わります。それで終わりなのです。ところが、私の頭では「どうして逆さまにして割り算を掛け算にすることでいいのか」が納得できなかったのです。理由は「イメージできないから」です。林檎4つのイメージを2倍にすることは頭に浮かべられます。しかし、「$\frac{3}{4}$で割る」となるとどうしても頭に浮かびません。え？　ヨンブンノサンデワル？　わかんねぇよ、んなもん。

苦悩した私は、「算数得意の岡田君」のプライドをかなぐり捨てて友人に尋ねました。しかし、誰も私に豊かなイメージを与えるような説明をしてくれません。そして、クラスのノダ君から、今に連なる人間に対する根本的な不信が育つような言葉を聞いたのです。

「んなこと気にすんなよ、岡ちん。分数逆にして掛け算にすりゃいいんだよ。いいじゃん、それで答えが出れば」

確かにそうすれば答えは出るし、それをやり続けて正確に答案用紙に答えを書けば100点になるし、それを母親のところに持っていけば目を細めて喜んでくれます。それで問題はないじゃないか。みんなそうやってるじゃないか。イメージ？　それよりも正しい答えだろ？　私は、同調圧力に負けて、汗まみれになりつつもかろうじて手に握りしめていた「知的誠実さ」という名の手綱をついに手放してしまいました。イメージが描けなくても、それで点が取れればいいんだよ。これからはそうやっていけばいいんだ。幼稚なこと言ってんなよ、と。

以後、大好きだった算数の時間は、私にとって「労働」のようなものになりました。算数をしていても少しもエキサイティングなことはなく、いつでも「要するにこうやればいいって言うわけだろ？　ならそうやってやるよ。いくらでもよぉ」という気持ちのまま勉強することになったのです。

思い返せば、その時から私の知的堕落が始まったのだと思います。その後の人生は、その時失った何か大切なものをうつろな目で探し続けているようなものです。私は〝ずる〟をしたのです。わかっていないくせに、「わかっていることにする方法」を舌をペロッと出してセコく身につけたのです。そのなれの果てが、忌まわしくも楽しい大学教員というわけです。

私と同じ問題に直面して、私のように政治的な妥協をせず、「納得でききんもんはできんから、そのままでは先に進めんのよ」という誠実さをキープした、粘着的な「頭のよさ」を維持し続けようとした人はたくさんいたはずです。そこにこだわった彼らはきっと「できない奴」という烙印を押され、昨日と少しも違わない自分の周りの景色だけが無慈悲に変わっていく世界の変転の中で、勉強嫌いになったはずです。でも、それは私のように知的に堕落したのではなく、「わかろうとしない」という強靭な知力を必死で守ったということかもしれません。

こういう態度を貫いた者を、そういう能力を持った者を「頭がいい人」と呼ぶことはできないでしょうか。私は自分自身のうしろめたさと同時に、これを貫ける人間に頭《こうべ》を上げることができない劣等感を持っています。俺は学校と寝たんだ。汚れちまったのさ、と。そういう私から見れば「3/4で割る？　そんなもん永久にわからん！わかりたくもない！」と拒否した者たちの姿は燦然と輝いて見えます。これは予定調和を破壊する、簡単にはルールに絡め取られない空気を読まない知性とでも呼ぶべきものです。そういう知性を持った「頭のよさ」です。

学校秀才の最悪なところは、「わかっていないくせにわかっていることにする」ことです。これを繰り返していると、そのうち学ぶということが「与えられたマニュアルを身につけてこなす」ということだという、絶望的な誤解をしたまま自分を有能だと思い込む最悪の事態に至ります。

この世の不幸は、そうした者たちに様々な類の権力を与えることから生じます。そして、その手の優秀な人間は同調圧力と世界の大勢という空気に対抗する下半身がからっきし弱く、瞬く間に多数派に同調し、力ある者や新たに権力を握るようになった者のもたらす新しいマニュアルに、精神的葛藤を一切持つことなく簡単に再同調することができるのです。新しいマニュアルが自分の信念に照らし合わせてどうなのかという検証など一度もしません。そんな面倒くさいことはあの分数の割り算の時にやめてしまい、以後ずっと粘着質の力、わかろうとしない能力を評価する基盤も発想も失ってしまっているからです。

彼らは、もちろん①と②、あるいは③も部分的に含めて「頭がよかった」のでしょう。日本のエリートは、その意味に限って極めて優秀でした。しかし、**私たちの世界が後の世代に敬意をもって振り返ってもらえるかどうかを考えた時、私は④の「予定調和を拒否する」「空気を読まず同調しない」「わかっていないことをわかったことにしない」、そういう「わかろうとしない力」を持った頭のよさが、今後必要とされるのではないかと思うのです。**

①から③までは意味がないと言っているのではありません。いずれも仕事をする人間にとって非常に重要な能力であり、必要な頭のよさです。でも、これまで私たちの社会は④の頭のよさを軽視してきたのではないでしょうか。「スルーしない力」に支えられた頭のよさです。まさに、ジョブズの言う“Stay foolish!（下手にお利口さん

なんかになるんじゃねぇよ!)〟です。

自分の持つ力はどれなのか?

近代社会は分業によって成り立っています。個人が事態を打開していく能力も必要ですが、多くの皆さんにとって仕事をするということは、チームで働く、役割分担に基づいて働くということです。バット1本で目もくらむような大金を稼ぐ野球選手のような仕事は、この世の例外中の例外です。

私がこの原稿を書くのに使用しているパソコンを作った、過日惜しまれながら亡くなった会社の創始者も、ひとりですべてを切り開いてきたかのような幻想が増幅していますが、やはり協働をもって偉大なる結果を出したのです。

オールラウンダーは人々の羨望の眼差しを受けますが、憧れを根拠にそれになろうと安易に飛びついては、「自分が勝負できる可能性のある眠った力」をうまく使えません。**頭がいいとか優秀だということに関して、複眼的な視点を持たないと、自己の能力を育てていくことはできないのです。**

第2章でも言いましたが、皆さんがハートに健全な焦燥感と、地に足の着いた努力をするためには、このような仕分けがどうしても必要なのです。

第4章

「わからない」をわかるということ

ギブアップではなくスタートの合図

若手社員タケルと課長の対話

タケル　「さっきの会議のことなんですけど」

課　長　「ん？　ああ、『ブランドイメージの再考と顧客視点の柔軟化』のことか？」

タケル　「今いちわからないんですよ。なんか微妙じゃないですか？　ブランドイメージって言ったって、うちの会社はこの主力商品でずっとやってきてるし、味だって別に落ちてるわけじゃないですよね？」

課　長　「え？　主力商品のイメージの話？　おまえ、何の話してるんだ？」

タケル　「チーム長が『顧客視点の転換』って言ってましたけど、デパートで買ってくれるのは子どもの頃から買ってた人だから変わらないわけですし…」

課　長　「だから、人間も歳をとると買う物も変わるし、今、購買力を一番持っている層の顧客にどういうアピールをするかも含めて転換が必要っていう…」

タケル　「ですから、それじゃ、わからないんですよ」

課　長　「誰がわからないって？」

タケル　「自分がですけど」

課長　「え？　おまえが？　お客様じゃなくて？」

タケル　「デパートでよく言われるんですよ。『いつまでもこの商品に頼ってってもね～』って」

課長　「で、おまえさんはどう思うのよ？」

タケル　「わかりませんよ、はっきり言って」

課長　「何が？」

タケル　「この時期にそういう話をして何の意味があるんですか？　うちの会社、いいもの作ってるじゃないですか」

課長　「もしかして、『ブランドイメージ』の意味がわかってないんじゃないか？」

タケル　「え？　お客様にとって商品が『これ、いいね』っていう印象みたいなものですよね？」

課長　「ちょっと違うな」

タケル　「え？」

課長　「あのな。**何がわからないかくらい、わかってから会話してくれよ**」

わからない

問題 困ったことがあるとすぐに「わからない」と言ってませんか？

「わからない」を仕分ける

人は面倒くさくなると、つい「わからない」と言いがちです。職場でも学校でも自分や他人の言うこのフレーズはおなじみです。これでとりあえず終わりにしておこうというわけです。でも、それでは自らレベルを上げるための機会を手放していることになります。

若手社員の皆さんは、申し訳ないのですが上司や先輩たちから「すぐに『わかりません』と言う人たち」に見えています。これは企業でも私の働く大学の現場でも変わりません。やり取りが終わってしまう切ない言葉、「わかりません」。雨が降ったら傘をさすがごとく、「わかりません」。

言うまでもありませんが、仕事の現場でも学校でも世界はわからないことだらけです。企業の会議室で「何か意見やコメントはない？」と尋ねられる場面があれば、誰かが深く考えることもなく「わかりません」と言うでしょう。上司の落胆と切なさは募る一方です。

でも、どうして上司は若い人の「わかりません」に途方に暮れるのでしょうか？このあたりに、仕事の現場における不幸の種が潜んでいます。若い人は、「課長はこんなことも知らない俺のアホさ加減にイライラしているんだ」と思い込んでいます。だから、これ以上被害を拡大させないための最低限の防御線としてカタツムリのように殻の中に逃げ込んでしまいます。「すみません。よくわかりません」。

「わからない」と言われた側もイライラし続けるわけにはいきませんから、「ぐぬぬ……。でも、わからないんだからしょうがないよな。やれやれ」と思うしかありません。「アホか！」と言い続けてパワハラで訴えられるのも面倒ですから、ため息をついて終わりです。これは不幸です。

実は「わからない」と言われて本当に困るのは、わからないという事実そのものではありません（もちろんその事実もかなり困るのですが）。一番困るのは、安易に「わからない」で終わりにしようとする「スイッチオフ用語」として頻繁に使われるせいで、お互いにとって大切なものを手放してしまうことです。その大切なものとは時間です。

上司は問います。

「クライアントの落としどころは実際のところ、どのへんなんだ？」「その件について、おまえの判断はどうなんだ？」

社員は答えます。

「いや、わかりません」「えーと、それはわかりかねます」「なんか・・わからないです」

そのうちに、ため息五段活用くらいの感じで課長は言うわけです。

「おまえなぁ、何がわからないかくらいはわかるだろ？」

会議などで、上司にいきなり「どうだ？」なんて質問されれば、身もすくむような気持ちになることもあるでしょう。うまく答えられないと思った瞬間、頭の中が真っ白になって苦しくなり、仕方なく「わかりません」と言ってしまうこともあります。

上司や先輩は、口にしたらジ・エンドとなる「そんなこともわからないのか？」を封印して、丁寧に尋ね直しをしなければいけません。でも、何度聞いても埒《らち》が開かないと言いたくもなります。

「おまえさ、わからないって言ってるけど、実は何がわからないの？」

しつこいようですが、わからないこと自体は大した問題ではないのです。問題なのは苦しさから逃れるために、その場しのぎで「わかりません」と言う癖が学生時代からずっと続いていることです。それは、あなたの持つ力を覚醒させることにつながりません。わからなくてもいいので、何がわからないのかを確認した上で言ってほしいのです。なぜならば、「わからない」にはたくさんの種類があるからです。

提案

「どう、わからないのか」をはっきりさせよう

言葉の意味と背景知識が「わからない」

最も初歩的な「わからない」は、日本語がわからないことです。会議などの仕事の現場では、やり取りされる言葉の意味がわからないという時があります。

例えば、上司や顧客が「その件については、ゼロベースということで〜」と話している時に、「ゼロベース」の意味がわからなかったとします。次回誰かがその言葉を使っても困らないためには、「すみません。ゼロベースってどういう意味でしたっけ？ちょっと度忘れしちゃって」と尋ねるか、黙って調べるしかありません。これ以外のふるまいは、ボキャブラリーを豊かにしようという志のある人間にとってはする必

要がありません。

ところが、言葉の意味がわからなくても多くの人々は残念ながら何もしない場合がほとんどです。だから、わからないままです。じっくり調べる余裕がないなら、ノートの端っこに「ゼロベース」とメモしておいて、時間がある時に調べればいいだけなのにほとんどの人が放置します。社長が新年の挨拶で使った「忸怩《じくじ》たる思い」という言葉も、「そんな言葉は今後永久に使いませんから」とばかりに放置します。あなたが使わなくたって、クライアントが使ったらどうするのでしょうか？　え？　そんな言葉を使う奴はウザい？　そうしますと、学校を出た後に出会う仕事関係の年配者はほとんどがウザいということになります。

とにかく様々な言葉を使えるようになるためには、自分で調べて、使ってみることです。「ゼロベース」と「予算ゼロ」と「最初から」の語感の違いに気づき、また別の言葉、例えば「基礎議論の段階から」なども加える、というように積み上げる以外に方法はありません。

これを積み重ねるとスゴイ量になります。朝、新聞を読んで1つ、ランチの時にツイッターを見ながら1つ、夕方電車の中でR25を読みながら1つと増やしていけば、ワールドカップと次のワールドカップの間までに計算上は4380個も語彙が増えることになります。今より4000語も使える言葉が増えると、この項目での「わからない」はかなり頻度を下げるでしょう。

ここで指摘したいことは非常にシンプルです。そういう「わからない」はその場で調べれば解決するので、悩むことではありません。心配なのは言葉の意味がわからないことではなく、それを平気で放置できる根拠不明の余裕だけです。

もう1つ、背景・前提知識がないという「わからない」があります。会議や顧客とのやり取りで使われる言葉の意味がわかっても、そこでの議論の「前提知識がない」という意味でわからないというパターンです。会議で課長が「国債の市場評価がいつブレークダウンするかわからないし、そうなったら円高差益の動向も不透明になるよな。日銀のインフレ誘導が顕著になってきたら、対外展開のドル決済も議論として浮上してくることになるだろうな」などと朗々と経済について話をしていても、タケル君には何だかピンと来ません。

この会話に出てくる単語が、彼にとって初めて聞く言葉かと言えばそうではありません。国債も、円高も、日銀も、インフレ誘導もだいたいわかります。どれもみんな新聞を読んでいれば出てくる単語だからです。それでもピンと来ない理由は、政府の財政政策と国際為替と市場における需給のバランスといったものをトータルに鳥瞰する前提・背景知識、つまり原理原則としてのマクロ経済の知識が、法学部出身で民法のゼミにいたタケル君にはほとんどないからです。

マクロ経済の動向が自分の仕事に直結する人は、そうそういません。でも、「行きすぎたデフレとあらゆる市場の開放は産業構造を変えてしまう」くらいのことは背景知識として知っておかないと、目の前にある自社商品の購買力が今後上がるか下がるかについて有益な方針を決められませんし、会議も近視眼的になります。よい仕事をする人や企業は、必ず10年先を視野におさめながら商売をしているものです。

こうしたことも程度に差はありますが、基本的には「ちょっと勉強すればよい」だけです。「課長の言っている経済の話、俺にはよくわかりませんから」とスイッチを切るのではなく、店頭に並んでいる懇切丁寧に解説してくれているマクロ経済の基礎知識の本を行き帰りの電車の中で読めばいいだけです。

以上のように、この項目の「わからない」は言葉と基本的な知識がないのでわからないということです。

どうしてそういう理屈になるのかが「わからない」

ここでの「わからない」は、どうしてそういう理屈になるのかがわからないということです。これはよくある「論理がわからない」です。でも、丁寧に説明し合えば、だんだんとわかってきます。

タケル君は、主力商品のブランドイメージを変える必要があるという会議での問題提起がどうして出てきたのか、その理屈がどうもわかりません。洋菓子メーカーが、バレンタインデーに売るチョコレートのブランドイメージをどうするかは非常に重要な問題です。タケル君は、「うちのチョコはおいしいし、バレンタインの時だってデパートには女子高生が貯めた小遣いで買いに来るし、なんとか売れてるんだから、このままでいいじゃないですか」と思っています。どうしてブランドイメージの話が出てくるのか、その理由がわからないのです。だから課長に「わからないです」と言うわけです。

チョコレートは半世紀以上前には、敗戦後に占領軍としてやって来たアメリカの豊かさの象徴のようなものでした。私の母は今年で80歳ですが、「チョコレートはやっぱりハーシーよ」と言っています。甘いものが食べられなかった昭和20年代に青春時代を過ごした者にとって、チョコレートは外国がもたらす高級品のイメージでした。

しかし、高度成長とともにそうしたイメージはどんどん変わりました。私が小学生の時代には、誰もが遠足のお菓子として買える大衆的な商品となっていましたし、今ではチョコレートを高級品と思う人はほとんどいません。

他方で、コンビニやスーパーで買えるチョコレートではなく「よく働いた自分へのご褒美にしたい』、あるいは「サロン・デュ・ショコラで観た一粒600円のスグレモノがほしい」、そして「金持ってるチョイ悪オヤジが20歳年下の愛人に渡すためのアイテムっぽい』というように、チョコレートの商品イメージは分散し、一部は高級化しています。

こういう時代に、先代の社長が開発し、今でも会社の売上の主要部分を占めているチョコレートをこのまま売り続けていいのかは考えなければなりません。安くて手頃感のある伝統の商品も、20年、30年のスパンで見てみると売上が確実に減っています。そうなれば「あそこのチョコレートは昔からあるし、お土産にしても無難」というところにあぐらをかかず、顧客単価450円ではなく3000円の高級品を「田園調布や帝塚山《てづかやま》のセレブとその娘たち」に売る方法に変える必要があります。

そして、そのためには「開業医をしている主人の大学時代のお友達が集まる夫婦同伴パーティーの帰りに、奥様たちに喜んでいただける素敵な一品」といったイメージを浸透させなければなりません。「安いものをたくさん売る」から「高い物を選ばれた者に売る」へと転換するために、ブランドイメージを変えようという理屈です。

タケル君もその理屈がわかれば、「長年積み重ねてきたイメージは簡単には変えられないし、そのためのコストは高く、5年やそこらでは回収できません」といった意見を述べることができます。

以上のように、この項目の「わからない」はどうしてそういう筋道になるのかがわからないということです。

言っていることの意図や目的が「わからない」

次は、言葉や背景知識、理屈もわかるけれども、この話の流れで「何でそんなことを言うのか」がわからないということです。つまり、発言の意図や目的がわからないというものです。

タケル君の会社では、つい最近、いまいち動機不明な専務のかけ声によって、業務サイクルの見直しという「仕事のシフト調整」が行われることになりました。「シフト調整」などと小難しい言葉で言っていますが、要するに課長から言われたのは「これまで12時から13時だったランチタイムを、タケルとアスカは11時30分から12時30分にとるように」ということです。この調整とやらに対して、タケル君もアスカさんも他の同僚も異口同音に「意味がわからない」と反応せざるを得ませんでした。ですから、「じゃ、そういうことでよろしく」と課長に言われた3日後に、「課長、すみません。業務サイクルの見直しがよくわからないんですけど」と質問しました。

そもそも、タケル君の会社は大企業ではありません。所属しているのは営業部広報課ですが、納品の時期になると部署の区別なくみんな総出でパッケージ作り、工場でのチェック、配送業者への受け渡しなど、現場の作業系の仕事が必ず飛んできます。この時期は広告媒体から10分おきに電話がかかってきて、媒体さんもクライアントもPR会社の人たちも諸雑件は「昼休み前の午前中マターとして済ませておく」と同じことを考えています。11時30分といったら、そういう連絡と仕事が集中する時間帯なのです。しかも、タケル君の会社の始業時間は9時半で、11時半は一番仕事のエンジンがかかってくる頃です。お腹だって、そんなに空いていません。

こういうトンチンカンなことが起こった理由は、先月から切り替わった経営コンサルティング会社の業務見直しレポートを2代目のイケメン社長が必要以上に真に受けて、「業務シフトのサイクルの総見直し」と言い始めたからです。ご経験のある読者の方にはすぐにピンとくるでしょうが、そんな「見直し」なんて、朝10時にアルファロメオに乗ってごゆるりと出社する社長には絶対にわからない、下々の人間には身の毛もよだつくだらない現場いじりなのです。偉大なる先代の後を継いだばかりの若社長は、「2代目もなかなかのやり手」と思われたいと功を焦るあまり、それまで一族の副業のビル管理会社の社長経験しかないのに、「そろそろ俺も本気出すよ」などと言ってバカなことをするのです。

理屈から言えば、社長の言うことはつまりこうです。日本の企業は軍隊のようで、一斉に何かを始めたり、やめたりと柔軟な姿勢で仕事をしていない。そもそも、12時にみんなが仕事を止めてランチに行く必要があるのか。お昼に社員全員が街に出てランチをとることで、ただでさえ混んでいるオフィス周辺は行列ができて非常に効率が悪い。そもそも日本人は何でも右に倣《なら》えで、「他社が昼をとればうちも」というのは僕の趣味じゃない。僕が留学していたサンフランシスコじゃ、ランチはみんなそれぞれの判断で食べていた。だから、そういう転換の一環として、まずは社員のランチタイムを3つに分けてみたというわけさ。「空いてる時間帯にランチに出られるから、スゴク助かる！」って女子社員にも理解が得られると思う。

しかし、この社長のお達しが出る一週間前に、課長は朝礼でみんなにハッパをかけていました。

「仕事の効率だの、体系的な業務配分だの、そういうこまっちゃくれたことを言う資格がおまえらにあるか？　うちはな、社員90人、工場のパートのおばちゃん合わせても220人の会社だ。業務系の仕事が増えてきたら、営業も広報も商品開発もない。全員作業系の仕事に手を貸さないと、仕事が回らないだろ。おまえらが暖かいオフィスでチマチマやっている間に、北千住の工場ではおばちゃんが寒い中ラインを回してるんだぞ。いいか？　全員作業系社員だと思って仕事しろ！」

「業務サイクルの見直し」とか「仕事配分の柔軟化」なんて難しい言葉を使わなくても、現場で働いていれば要するに「仕事の現場の実情に合わせて、みんなの力を無駄なく引き出す業務割当と時間の使い方を工夫する」ということだとわかります。それ自体は間違っていないでしょうし、そうすることで効率も上がり、働く者たちの士気が向上すれば、それはそれでいいことです。

でも、それはあくまで一般論です。他じゃどうか知りませんが、タケル君やアスカさんにとってみれば、今目の前で起こっていること以外に考える意味はありません。

だって、先週課長がみんなに説教してたじゃないですか？　仕事っていうのは役職名でやるんじゃないって。課長も主任もヒラもない。ここ一番となったら全員で組織の枠を超えて一丸となってやるんだって。それなのに、今度は「業務配分をフレキシブルに」って、理屈はわかりますけど、このタイミングで何でそんなこと言うのかがわからないんですよ。何の目的でそんなこと言うんですか？　わかりません。

若社長の意図は、若手の社員には全くわかってもらえていません。オジサン連中は苦虫をかみつぶしたような顔で、「2代目のバカが焦って何かやらなきゃって張り切ってるんだから、『そりゃダメでしょう』なんて言えるかよ。やっと課長になったんだから、嫌われてこの先の出世の道を閉ざされでもしたら人生台なしだぜ」と、社長の立場と意図を見透かしたようなことを考えていることでしょう。

以上のように、この項目の「わからない」は、その意図がわからないということです。

選べなくて、どう評価してよいのかが「わからない」

「わからない」の前に「どれを選んでいいのかが」「どう評価していいのかが」とつ

けるべきパターンがあります。言葉もわかる。背景も知識もある程度わかる。どうしてこういう話になり、こういう議論になっているのか、話す人たちの意図も目的もわかる。でも、そこから導き出される選択肢が多岐に渡っていて、どれがこの問題に関して最も重要なポイントなのか判断しづらいというものです。それゆえに、最終的な判断を下すための決定的な評価をどうすればよいのかがわからないとなるのです。

要するに、**どれもみな重要な気がして、どう評価したらよいのかわからない**のです。

このパターンの前提は、個別の議論や論理は理屈としてわかるということです。

ある種の重大な決定をするための知見を準備しなければならない立場にある人は、基本的にはこの問題をめぐって考え、悩み、発見し、失望しながら仕事をしていると言ってよいでしょう。私のような学問の世界にいる者や学生は、ありがたいことに「評価する」部分にかなり時間をかけて悩み続けることができます。でも、政治に携わり、経済を支えるために決断をしなければならない人たちは、ある時点で覚悟を決めなければなりません。わからないでは済まされない、リミットの迫った重大な決断や判断をする場面もたくさんあるでしょう。なんとかわからなければなりません。

言葉や知識が「わからない」とは根本的に異なり、ここでわからないとなることは、たとえそうなったとしても、だからダメだということではありません。決定や判断を支える評価とは、原則的にはすべて暫定的なものです。「時代が変われば新しい評価、あるいは再評価が生まれるかもしれないからです。しかも、ビジネスにおける判断は、人々の命を預かるようなものはともかく、「あの時はそう評価する以外にはなかったのだ」と考えなければ、いつまでも過去の評価と決定を引きずってしまいます。

ですから、一般の人々は例えば個人レベルで「どう評価してよいかわからない」となっても、評価なんて常に暫定的でよいと腹をくくっておけばよいのです。わからなくても悩みながら発した大量の言葉は、ともに考え、議論した他者にとってもどれだけの刺激となるかわかりません。また、そこでの苦闘が何を鼓舞するかもわかりません。交通整理ができているだけでも大変なものです。

先ほどの例で言えば、高級ブランドイメージを再構築して、単価の高い高級商品を提供することで、他社との差をつけて独自のマーケットを開拓していくという展望をどう評価するかは非常に難しいでしょう。日本社会の所得格差が拡大していく傾向が後20年は続くという評価も、一部の富裕者層の購買力しかないという評価も、ブランドイメージは歴史と文化抜きには語れないという評価も、それぞれに正しいような気がしますし、間違っているような気もします。やはり本当のところはわからないのです。

でも、決断をするまでの間になされたことは、その格闘が大きく深ければそれだけ次の仕事の滋養になるはずです。私のように教室で働く者も、こういう類いの「わからない」で学生とともに悩みたいのが本音です。こういう「わからない」なら、喜びを感じるというものです。

この項目の「わからない」こそが、場面場面で評価をできる人、つまり「デキる」仕事人の悩みというわけです。最初の「わからない」との何たる違いでしょう。デキる人の「わからない」はやっぱり違います。

どの意味で「わからない」かを探る

本章では、「わからない」を4つに分類してきました。ここまでお読みいただければ、「何がわからないのかがわからない」という事態が、どれだけ困った状況かがおわかりになったはずです。逆説的に言えば、我々は**「何がわからないのかがわかれば、問題の半分以上が解決したに等しい」**ということです。ものを知るということは、「知れば知るほど、ますますわからなくなっていく体験」なのだということは、このことを別の言葉で表現したものです（だから「知れば知るほど自分が賢くなっていく実感がある」と言い切る人は、どこかで何かを甘く見ているということです)。

例えば、今日TPPに参加すれば日本の産業と社会はメチャクチャになってしまうと言う人がいます。それが本当であるかどうかを考える過程で大切なのは、「この問題に正しい解答が1つあるはずだから、それを手に入れること」なのではなく、きちんと考えることのできるデータをフェアに共有した後に、「どのような問い」を立てるのかということです。

意味があるのは、「対外的競争にさらされても生き残る産業を育てることにつながるかどうか?」という問いなのか、「医療や教育、福祉が市場競争と適合するのか?」という問いなのか。どれが問題の核心をついているのか、どれが我々の公共問題解決に貢献するのか。いずれもわからない問題です。

でも、こういう問題でわからないと悩む以外に仕事も学問もやりようがありません。繰り返しになりますが、こういう部分で悩むことで、できる人とそうでない人との違いがはっきりと出るのです。

「わからない」の分類がわかってくれれば、会議が終わった後のタケル君の話しぶりも変わってくるはずです。「ブランドイメージ」が言葉としてわからないなら、調べてからものを言うでしょう。「民間企業の商売だって政治や行政の影響が大きいんだよな」と背景知識がわかってくれれば、「規制緩和しないと、こんな安全基準じゃ食品産業はつぶれますよ」と返すことができます。

「ブランドイメージは何を視点にして考えなければいけないのか」という話が煮詰まったところに、課長が「先代の遺産は大切にするべきだ」などと言ってきたら、居酒屋でアスカさんと愚痴をこぼすのではなく、会議の席で「今そういう話を持ち出す理由は何ですか？」と突っ込むこともできます。

新しいブランドイメージを構築する戦略がうまくいくかどうかの評価を問われたら、「生活必需品ではなく嗜好品だという認識が変わらない限り、購買力の高い顧客にゴージャスな夢を売るという基本の方向性は正しいと思います。ただし、そのためにはこの商品を提供する同業者とも利害を超えて、共通のプラットフォームと文化を生み出すための協力的な活動が必要だと思います」くらいのことは言えるようになります。

仕事のデキる人は、「ブランドイメージって、やっぱり変えちゃダメなんですか？」ではなくて、「ブランドイメージを再構築することがよいか悪いかを考えるために、どんな問いが必要なのだろうか」と考えます。そして、そのためにまずは4種類の「わからない」をちゃんと区別して、いったい自分はどの意味でわからないのかを確認してから「わかりません」と言うはずです。

「わかりません」は、スイッチオフの言葉でも、やっかいな質問から逃れるための呪文でも、何かを断念するためのおしまいの合図でもありません。評価ができるビジネスパーソンになるための、重要かつ不可欠な標識なのです。

そしてそれは、よい仕事を生み出す際の苦悩のスタートラインで聞く号砲なのです。

第5章

デキる人の質問作法

答えではなく問題解決のための素材と条件を引き出す

若手社員タケルと同期ヤマトと課長の対話

タケル 「課長、この報告書に書いてあるソウカテキってどういう意味ですか？」

課　長 「ソウカテキ？　何だそりゃ、見せてみろよ。…バカ、こりゃ総花的《そうばなてき》って読むんだよ」

タケル 「どういう意味ですか？」

課　長 **「人に聞く前に自分で調べろよ」**

タケル 「すみません」

課　長 「おまえ、バレンタインデー向けのパンフレットの校正やったのか？」

タケル 「今日中にやりますけど、わからないところがあって相談しようと思ってたんです」

課　長 （嫌な予感）…何だ？」

タケル 「このパンフにどうして何度もブルゴーニュって出てくるんですか？」

課　長 「おまえさ、うちの今度の商品のブランドを体現してるのが誰か知ってるだろ？」

答え

タケル　「ええ。フランスのショコラ職人のミシェール・ラリーさんですよね？」
課　長　「そう言えばもうわかるだろう？」
タケル　「いやぁ、わかりません。オススメの本とかあったら教えてください」
課　長　「もういいよ。おいっ、ヤマト。銀座の百貨店の売り場にｉＰａｄ使ってイメージヴィデオ流すっていうプランはどうなってる？」
ヤマト　「あ、はい。ＰＲ会社の林さんが教えてくださって、一番いいソフトもダウンロードしました。明るさ調整もコンテンツのロゴ入れもとりあえず入力して、後は実際に置いてみるだけなんですけど、お客様のお買い物の邪魔にならずにディスプレイの存在感をどう出すかという点でちょっと迷ってます。よろしければ今日銀座で店舗責任者とお会いになる時に、実物の設定を課長の目でご確認いただけますか？　そこだけちょっと詰まっていないんですよ。それを見た課長の評価を教えてください」
課　長　「オーケー。そこまで詰めてあるなら、じっくり見させてもらうよ。よくやった」
ヤマト　「ありがとうございます。自分これから図書館でブルゴーニュ地方について調べたいことがあるので、午後ちょっと出てきます」

問題

ただ「答えを教えて」と頼んでいませんか?

質問の仕方からわかる成熟度

仕事で苦戦している人に共通するのは、質問の仕方に大切な「何か」が希薄なことです。その人がどんな質問をするかで、それまでの経緯が推し量れるというものです。足りないのは内容の高尚さではありません。仕事が千差万別ならば、現場での上司への質問も千差万別です。

ですから、足りないのは内容よりもむしろ「尋ね方」です。仕事の力を掘り起こせない人に共通の特徴は、質問をする時に〝ただ「教えて」と尋ねる〟ことです。〝ただ尋ねる〟とは、どういうことなのでしょうか?

大学で働く私は、〝ただ尋ねる〟と〝ちゃんと尋ねる〟の移行期にあたる時代の若者を常に相手にしていますから、両者の違いについてよくわかります。ついこの間まで高校生だった大学1年生(19歳)は、4月の段階ではその90%が私に対して〝ただ尋ねて〟きます。

「教務課ってどこにあるんですか？」

「講義の時に言ってた参考文献って、やっぱ読んだ方がいいんですか？」

「ゴミ箱どこですか？」

「調布市役所の電話番号って何番ですか？」（実話！）

文明社会とは、子どもが大人として成熟しなくても致命的な問題が起こらずに生きていける社会のことですから、ある程度は仕方がありません。昔は人にものを頼む場合は、「このような要件を電話なんぞで大変失礼なのですが」と謝り、本来なら手紙を書いてお願いを乞うか、自ら出向いて礼を尽くしてお願いするというふるまいが要求されましたが、テクノロジーの発達は礼節を表現する場を一掃してしまいました。今日、愛おしき学生連中は「先生、今日とか学校来るんすか？」と携帯メールを打ってきやがります。

社会人の読者の方を相手にこのような学生の話を引き合いに出す理由は、（これをお読みの管理職の皆さんにはおわかりでしょうが）こういう学生感覚を残したまま会社に入って来る人たちがまだ相当数いるからです。なにしろ大人になる必要がない文明社会ですから。

でも、困っているのは「礼儀や礼節というものがなっていない！ それでは人としていかがなものか？」だからではありません。それはそれとしてあるのでしょうが、この本の目的からすれば二の次です。

問題なのは、多くの若いビジネスパーソンが大人の質問作法を十分に身につけていないために、上司や同僚の力と愛情を上手に引き出せないでいることなのです。実にもったいないことです。

では、「未成熟な質問」とは具体的にはどのようなものなのでしょうか？

丸投げ質問は上司をイライラさせる

私たちの社会では、話をする技法がなかなか身につかず、そのノウハウも広く共有されているとは言えません。これは裏返しに考えれば、人にものを尋ねる技法も同時に未成熟であるということです。私の職場にいる学生は、高校生までの立ちふるまい方をそのまま引っ張ってきて質問をします。それは、要するに「答えを聞きに来る」という行為です。どうやら大学に通う19歳は、質問というものを「正解を教えてもらうための陳情」だと考えているようです。

これを鼻で笑える社会人はそうはたくさんいないはずです。おじさんやおばさんになっても、基本的にはあまり変わりません。物腰低く謙虚で丁寧なふるまいはあっても、彼らの質問は原則「先生、よろしければ正解を教えていただいて、私どもをお導きいただければ」という姿勢と論理から来ています。

しかし、仕事の節目で諸々の評価ができる、その意味での仕事がデキる人間を目指すという本書の狙いからすれば、正しい答えを得るための陳情ができることが目的ではありません。冒頭対話でのタケル君は、どう見ても答えを教えてもらおうと質問しています。入社3年目なのに、中学、高校生の頃と質問の仕方が基本的に変わっていないようです。「ブルゴーニュって何ですか？　正解を僕に教えてください」というわけです。

これが毎日起こっているのが、ちょっと上等なレストランです。多くの方々はメニューをちらりと見て軽くため息をつき、「よくわからないのでオススメがあったらお願いします」と言います。野暮を承知で原則じみたことを言えば、これでは本当の意味で自分の好みに沿って注文したことになりません。ワインと前菜をシェフにお任せして、楽をして有益な情報を得ようとしています。

でもいいのです。お金を払っているお客ですから。食事の目的は自分の趣向を鋼のような意思で貫くなどという厳《いか》めしいものではなく、幸せな気持ちになることです。「シェフの気まぐれサラダ」や「シェフの閃《ひらめ》きステーキ」を勧められるままにどんどん食せばいいのです。

しかし、仕事の現場で「エクセルで同じ画面にあるシートをコピーする方法」を上司に聞くのは大人のやることではありません。そんな冷たいことを言わず、わからないなら教えてやるのが親切だとおっしゃる方がいるかもしれません。でも、私は質問することと自体をダメだといっているわけではありません。〝ただ尋ねる〟のがダメだと言っているのです。

〝ただ尋ねる〟とは、簡単に言うと「宿題やってぇ、パパ！」という面倒くさいことの代行願いです。ちょっと見ただけでは、冒頭対話に出てくるタケル君のオススメ本リクエストは勉強熱心な人の質問のように感じられます。しかし、これは「色々面倒なので一番の近道を教えてくれ」という、ムシのよいお願いにすぎません。「尋ねれば答えを出してくれるに決まっている」という自動販売機的感覚が、上司やデキる同僚たちをイライラさせるのです。ドラえもんのポケットだと思っているのでしょうか。

また、バカな課長は可愛くて幼気《いたいけ》な新人女子社員が課内に入ってくると一気に鼻の下をのばし、「わからないことは、いつでも聞くんだよ」などと新人をスポイルしますから困ったものです。

迂闊な人たちは「心の中2状態」を少しも成熟させることなく、「質問＝陳情」と思い込んでいます。なるべく反感を持たれないような陳情の仕方という、本筋とは異なる上っ面のテクニックばかりを身につけて、「デキる」などと勘違いすることが起こります。これでは、自分を含めて働く者の力を引き出すことはできません。

提案 必ず「ここまで頑張ったのですが、この先が…」と質問しよう

「この先がわからない」という問い

タケル君の質問に希薄なものは、「ここまでは格闘したのですが…」という質問するに至るまでの道のりのイメージです。つまり、「この先は力をお借りせざるを得ない」というギリギリ感。極端に言えば、「藁《わら》をもつかむ気持ち」です。

チームで働く大人の世界には、自分だけでなく仲間の力をも引き出すための質問作

法というものがあります。「助けてほしい」と言われる立場に自分を置いて考えてみてください。「教えてください」と言ってきた者を本当にヘルプしてあげようという気持ちになるのは、「ここまで頑張りましたが、この先ができません」と首《こうべ》を垂れてきた時です。

チームとはいえ、普段は他人のことにかまけている暇も余裕もありません。それでも「助けてやるか」となるのは、「へぇ、本気なんだ。そこまで頑張ったのか」と感じた時です。この原則を念頭にそれが伝わるようなふるまいでちゃんと質問をすると、多くの有益な助けを得ることができます。

大人の世界とは、「この場に自分の意思でいるならば、原則すべてを自分でやらなければいけない」という約束で成り立っているところです。そして会社は、ある条件で自分の労働を切り売りすることに納得した人々がいる場所です。また、まだ社会に出ていませんが、大学生も自分の意志で学校に来ている以上は入学以降とそれ以前の人生では異なります。高校を出ると、みんなこの大人の世界に足を踏み入れるのです。義務教育が終了した15歳を念頭に置けば高校生だってそうです。ここは大切なポイントです。（諸般の事情はありますが）基本的には、来たいから来ているというスタートラインなのです。

だとするならば、そんなところにわざわざ来る人は、大切なことを1つわかっていなければいけません。それは、「自分の力で走り続ける」ことを前提にして生きていかなければならないということです。連れて行ってもらうのではなく、自分で走るのです。**働く大人の基本原理は、「まずは自分のできることはできるだけやっておく」ということです。**

あなたは白い画用紙ではありません。誰かに白い画用紙に綺麗な絵の具を塗ってもらおうとするような依存的な気持ちの人は、19歳以降の人生が幸福なものとなりづらいでしょう。この場合の幸福とは、社会的な成功かつ成績優秀という意味ではありません。社会人ならば仕事において「あなたが必要だ」とされる喜びであり、大学なら知的興奮を得る喜びのことです。

皆さんはこれまでの人生で、すでに白の画用紙に何らかの色や文字、デザインを描いてここまで来ています。そして、わざわざ会社や大学にまでやって来て、自身の画用紙にまた別の色や文字や「何か」を描きつけようとしています。たとえ拙《つたな》い物であろうと何であろうと、仕事の現場や学校で「これは自分がやったことだ」とメッセージを送りたいわけです。自分自身を1つの「作品」として、それを世界に発信したいのです。

それならばできるところまではなんとかマックスの力を出して、常に自分の画用紙に何かを描き、まだ描かれていない部分が何であるかを考え、模索しなければなりません。こうした基本をキープしながら「その上で」質問をすると、必ず「ここまでは自分なりの理解を得られているのですが、この先がよくわからないのです」という風になるはずです。白い画用紙に「何色で何を描けばいいんですか？」と質問する者に、返される言葉は1つです。

「それはこちらで決められないので自分で決めてください」

あなたの画用紙で世界にどのようなメッセージを送るかは、「これまでの」あなたのキャンバスに何が示されているかによって左右されます。だから、「何を描けばいいんですか？」という他人任せの質問など、この世界で生きる大人たちには理解不能なのです。

大人の世界で働く基本意志を持った人間の発する質問で、チームの仲間の頭とハートと肉体をムーヴさせるきっかけとなる言葉はただ1つです。

「ここまではやったのですが、この先が苦しいのです。教えてください」

多忙なデキる人は、この基本を身につけていない者の言葉には原則何ら反応を示しませんし、肉体も動きません。世界を評価することのできる人には、「〇〇の答えを教えてください」という丸投げ的な態度が理解できないからです。先ほど触れた原則「自分の力で走り続ける」を思い返せば、ここでの基本イメージは「走りながら給水をする」ということです。レストランに入って料理が出てくるのを待つのではありません。

「助けてほしい」のヴァリエーション

「助けてほしい」という質問と言っても、色々なヴァリエーションがあります。すべての場面で、このような態度で臨むのはシンドイでしょう。日常の職場では、ちょっと聞くくらいのことはあります。例えば「去年やった販促イベントの資料ってどこにしまってありましたっけ?」なんていう質問に対して、先ほどの原則を振りかざすつもりはありません。「ああ、それは主任の机の上」で終わりです。そんな些末なことを言っているのではありません。

タケル君の質問は、「ブルゴーニュ地方についてのデータをくれませんか?」というものでした。これは要は「助けてください」ということですので、それなら「どこまでは自力で頑張ったのか」が問われます。データそのものを〝ください〟というもの、データの所在、その有無を教えて〝ください〟とするもの、データの解釈についてあなた（課長）の判断を確認させて〝ください〟というものと様々な種類があります。

でも、自分の画用紙を白紙のままで「ください」と尋ねることは働く大人の世界では許されません。それに対しては、「どこまでご自分で調べましたか？」という「あなたの画用紙を見せてください」という逆質問を受けることになります。続けて、「自分の場合、こんな画用紙となっているのですが…」と返せれば、ようやく大人のやり取りが始まるというわけです。

画用紙に描かれているものが非常に興味深く、そこに大変な悪戦苦闘の痕跡が垣間見えた時などは、やり取りがよい方向に深化します。私の職業においては特にそうです。アプローチしてきた者に「そこまで頑張ったか」という何かを発見できれば、こちらにも謙虚な気持ちが生まれるというものです。

自分も知の宇宙の中では「塵《ちり》」のような存在にすぎないと思い返して、「じゃあ、もし時間があれば僕の研究室でゆっくりと話しましょうか」ということになります。こうなると「あれもこれも教えてあげよう」という連鎖が起こり、同時に私自身ももっと勉強しなければダメだと、自分を叱咤《しった》するというううれしい副産物すら生まれます。

何と幸福な関係でしょう。

「できるところまで自分でやる」という基本姿勢

冒頭対話のヤマト君は確かに仕事はデキるのですが、何か天才的な能力を示しているかと言えば、そんなことはありません。彼は「できるところは全部自分でやった上でお願いをした」だけです。

百貨店の売り場で商品イメージを深めるイメージヴィデオを流す作業をする際に、課長の立場に立ってみてください。管理職の皆さんがどうしてちょっとだけ高い給料をもらっているかと言えば（「残業代をカットするため」などとひねくれたことは言わずに）、タイプの異なる様々な問題を同時に抱え込むという鬱陶しさに耐えるのが仕事だからです。ですからイメージヴィデオの件など、本音では「出来上がったものを最後にチェックしてさっさと終わりにしたい」と思っているはずです。

売り場に置くものをフォトフレームにするのかｉＰａｄにするのか、写真をスライドショーにするのによいソフトはどれを選ぶのか、イメージヴィデオは何分くらいのものにするのか、独自のロゴを入れるのか、どう作るのか。考えるべきことは、これくらいあります。タケル君ならまずこう尋ねるでしょう。

「こういう時は、やっぱりｉＰａｄの方がオシャレなんですか？」

もし、私が課長ならこう返すでしょう。

「そういうことを最初に俺に聞くなよ（まずおまえの評価を聞かせろよ）」

次に、タケル君はこう聞いてくるはずです。

「自分マックじゃなくてウィンドウズなんで、ソフトとかよくわからないんですよ。どうしたらいいですか？」

私が課長なら、こいつに勉強させる暇はないと判断し、スミマセンとお辞儀をしながら黙ってマックに詳しいＰＲ会社の林さんに電話を入れます。

ヤマト君はこういう質問をしません。自分はマックユーザーではありませんが、マックを使っているガールフレンドに教えてもらって、その直感的な操作性を身につけて先にできることはどんどん自分でやってしまいます。いちいち指示を仰ぎません。なぜならば、ヤマト君は課長が今最も頭を悩ませているのが、「ＰＲ会社の一番仕事ができるウノさんを予算の関係で年度末に切るという会社のバカげた決定に現場が大反対している件だ」と知っているからです。さらにフォトフレームとｉＰａｄの違い、イメージヴィデオについての独特のこだわりなど課長には皆無であること。でも、最後には「一番大切なことですので、ここは課長の評価をいただかねばと思いました」と言われたいというプライドだけは高いことも知っているからです。

しかも、ヤマト君は「課長。今日の予定はどうなっていますか?」などと尋ねません。百貨店の担当者と打ち合わせがあることを念頭に、「その際によろしければお願いします」と頼んでいます。

課長の脳内イメージは、もはや次のようになっています。iPadからイメージヴィデオが流れて売り場の雰囲気が高まる。セレブたちがちらりとそれを横目で眺めながら、「あたしだってパパにたまにはいいチョコレートあげるのよ」という気になる一押しの4000円の高級パッケージをレジに持って行く。脇にいる娘にこう言う。「でも一番いいのは自分で食べるけどね。ふふふ」。これで月の売上は40%アップ。ま、この件はヤマトに任せておけば大丈夫だな。え? 図書館に調べもの? 午後は作業系でひとり貸してくれって言われてるんだけど、まぁいいか。あいつが言うんだから、きっと大事な調べ物なんだろ。

こんな時に、タケル君みたいのが現われて「課長、iPadはやっぱ入口の方がいいですかね? それともレジ脇ですか?」みたいな質問をしてきたら、もうこっちが質問しなければならなくなります。

「おまえ、どこまでできてるんだ？　っていうかどこまで自分でやってみたんだ？」

デキる人を目指すなら、上司にこう言わせてはいけないのです。

課長に「できるところまでは自分でやってきて、その上でこいつは俺にものを尋ねるんだな」と思われているヤマト君は、作業系の仕事のサポートで北千住の工場に行かされそうになっていたのに、「あいつがそう言うならそうさせてやろう。その方がいい結果が出るだろう」と図書館に行くことを許されたのです。ヤマト君は苦労しながらブルゴーニュ地方についての資料を集めて、販売用パンフの内容を濃密なものにするために頑張るでしょう。そして、数日後にまた課長にこう言うのです。

「先日、図書館に行かせてもらったおかげで、個別のショコラ職人を扱った新聞記事を海外含めて20件も見つけましたよ。パンフの中の『ショコラの魂』の欄がやや手薄だったので、こんな感じに直しておきましたけど、いかがですか？」

課長は言います。「いいんじゃないか。それでいこう」。課長の脳内イメージがまたプラスへとローリングします。そして、「こいつは仕事デキるな」となるのです。

こうなった理由は1つだけです。相談の基本姿勢が「この先がわからないのですが……」というものだったからです。あるところまで格闘した者たちに対して生まれる態度とは、非常に協力的かつ寛容なものです。タケル君も、ヤマト君を見てそこに気がつくと、課長との関係が変わってくるはずです。

質問から自分が見えてくる

「ここまで頑張ってるなら手を貸してやろう」という気持ちにさせる質問作法によって、上司や同僚は間違いなくあなたの力となります。そして、このことはあなたの中に眠っている能力を質問することで引き出すことにもつながるのです。このことからもう1つの大切なことがわかります。それは、自分がどういう質問をしているかを冷静に突き放して見ることで、今立っている地点がわかるということです。

タケル君は、ショコラ職人とブルゴーニュ地方の関係についてあまりわかっていません。どこかで「色々あるだろうけど、とにかくこの新商品を1つでも多く売るのが俺の仕事。デザインやPRの小難しい話は外注の人に任せて、そういう仕事は俺はサブでいいや」くらいに考えています。確かにフランスのショコラの歴史やブルゴーニュ地方の文化についてあまり詳しい知識がなくても、とりあえずそのことがタケル君の社内での立場を直接悪くさせるものではないでしょう。

しかし、バレンタインデーのための高級ショコラを売る側の人間が、そういうことを知っているのと知らないのとでは、その違いは必ず消費者に伝わります。直接ではなく、「何か」が伝わるのです。「志」の有無は、ものを売る時の何かに必ず現われます。ここをバカにしてはなりません。

タケル君はこう考えるべきです。俺はフランスのショコラ職人をブランド名にした高級チョコレートを売ろうとしているのに、ブルゴーニュ地方の文化も、ヨーロッパで大切にされているショコラと日本で親しまれているチョコレートの違いも全然わかっていないんだ。肉や野菜や魚でもない、食べなくても別に生きていけるチョコレートを売っているのに、これではダメだ。自分の売ろうとしているものを愛し、プライドを持って商売をするなら、このままじゃダメだ。

一方のヤマト君は、イメージヴィデオをどういう風に売り場に置こうかと考えました。お客様のお買い物の邪魔になることなく、それでいてレジに商品を持って行く助けとなるためにどうしたらいいかと悩み、考え抜いた案を課長に示し評価を待ちました。

この時、ヤマト君はこう考えたはずです。商品開発から始まって営業や広報や工場の職人たちが心血注いで作った商品を、最後の店舗で売る人間が台なしにしてはいけない。だから、接客は命の次に大切なことだ。ディスプレイが前面に出てはいけない。

しかし、接客と店内デザインやディスプレイの関係はどう考えたらいいのか。おそらく、この分野には色々な工夫と議論があるはずだ。ああ、俺はまだここを詰めていない。これはインテリアデザイナーや、そういう分野の人たちと付き合いを持たないといけないいな。ダメだ、まだまだだ…。

「ここまでやったのですが、この先が」と助けを求めることは、実は自分自身への問いかけなのです。

いいのか？　それでいいのか？　まだできることはないのか？　これまでに見逃していることはないのか？　本当に再考の余地はないのか？　この聞き方、この言い方、この質問で課長から有益な何かを引き出せるのか？　俺に足りない部分を補うような同僚の力を得られるのか？　ダメか？　大丈夫か？　次に何ができるんだ？

つまり、「自分は今どこにいるのか？」をわかろうとすることが、デキる人のポイント「評価ができる」の不可欠な基盤なのです。

得意分野での質問作法を仕事に活かそう

本章でお伝えしたことも、実はそれほど難しい話ではありません。要するにこのままでダメだと思うなら、自分でまず努力して、何が自分に必要なのかをある程度確定させてから人に頼み、尋ねよということです。

今日では、カリスマ的な思想家や評論家に対して、ツイッターなどで直接メッセージを送れるため、色々なやり取りがこちらにも丸見えなのですが、時々見ていて気の毒になります。なぜならば、こうした質問の作法をいくつになっても身につけていない不特定多数の人たちに、まさにドラえもんのポケット状態にさせられ、質問攻めにされているからです。彼らはうんざりして「ったく、聞く前にググれよ！」と突き放していますが、気持ちはよくわかります。

私が学生だった時代にはインターネットなどありませんでしたから、調べ物とは原則図書館に丸一日籠って、何千枚もの図書カードと格闘し、新聞の縮刷版を何万ページもめくる作業を意味しました。今日、20年分の朝日新聞の記事の中に「規制緩和」という言葉が何回出てくるのかを調べるのにかかる時間は数分にすぎません。とにかく、きっかけや入口はググればいいのですから、丸投げ質問はいけません。

最後に、残念キャラにされているタケル君をフォローしましょう。忘れがちですが、自分の得意な分野については、人間はけっこうよい質問をしているものです。タケル君は、上司に「おいおい」と思われているようですが、実は仕事の後に呑みに行った時には意外にも「おまえバカじゃないんだなぁ」と褒められるのです。元サッカー部員だった彼はサッカーにはうるさく、やはり同じようにサッカーオタクである3つ年上のユウゾウ先輩に鋭い質問をします。

「昨日のアメリカ戦で、ガス欠覚悟で高めのプレスをFWのふたりがガンガンかけてたのは、やっぱワールドカップ決勝の記憶を払拭するためだと思ったんですけど、先輩はどう思いますか?」

「守備的ボランチが、右サイドバックの対面にとられた裏のフォローに回ったら、サイドバックは必死で戻ってバイタルケアに切り替えないと、相手の10番がミドルでガンガン撃って来ますよね。何で監督はあの選手に固執したのかわかんないっすよ。どう思います?」

サッカーに興味のない方々、スミマセン。でも、こんなことが言えるタケル君は、実は本章で書いてきたことを知らず知らずのうちにちゃんとできているわけです。「自分の知見と判断からすれば、こういうことだったとしか思えないのですが、先輩の評価はどうですか?」とちゃんと質問しています。「俺はここまでは色々考えたんですけど、この先がどうなのかよくわからないんですよ」と尋ねているわけです。おそらくユウゾウ先輩は、タケル君の話に目を輝かせて、大変水準の高いサッカー談義となって、居酒屋での夜は更けていったことでしょう。すばらしい。
みんなそうやってできるのです。後は、仕事の現場で同じことをやるだけです。

第6章

発言することの本質

「立派なことを言わなければ」という強迫観念を捨てる

若手社員タケルと同期ヤマトと課長の会議での対話

課　長　「というわけで、新しい顧客掘り起こしのための『和風ショコラ』のラインナップを増やす件について、みんなの忌憚のない意見を出してもらいたい。タケル、どうだ？」

タケル　「…いやっ、どうですかね…」

課　長　「何か意見ないのか？」

タケル　「ないわけじゃないですけど、**まだ考えがまとまってないんで…**」

課　長　「まとまってなくてもいいから言ってくれ。ブレストだから」

タケル　「…（ブレスト？　何だっけ、それ？）」

課　長　「ヤマトはこの間イベントの後に何か言ってたよな」

ヤマト　「いや、大したことじゃないんですけど、ちょっと気になっていたのは課長が以前に『和風って言っても、もう抹茶味はどこもかしこもで飽きられてるんだよなぁ』っておっしゃっていたことです。それをもう少し詳しくご説明いただけますか？」

う〜ぬ

課　長　「ああ、あれか。昔は斬新な感じがしたけど、今や抹茶ムースとか普通にコンビニに置いてあるだろ？　もうあまりありがたみ感がないんだよな」

ヤマト　「タケル、おまえも社食でデザート食べながら『抹茶＝和風じゃないんだよなぁ』って言ってたよな？　あれは課長のおっしゃることと、どこかでつながっていると思うんだよ」

タケル　「え？　そうそう…。いや、そうなんですよ。和風って言われた時、まだまだ手をつけていない素材が他にたくさんあると思ったんですよ。今面白いなと思っているのは納豆です（あれ？　俺何言ってんだ？　え、そうなのか？）」

課　長　「納豆か…。タケル、おまえ色々考えてるじゃないか。いいんだよ。それで。ブレストなんだから」

タケル　「すいません。なんかちゃんとしたこと言わないとバカだと思われそうな気がして固まっちゃうんですよ」

ヤマト　「プレゼンじゃなくてブレストなんだから、キャッチボールすればいいんだよ」

タケル　「ヤマト…（何でそんなこと知ってんだよ？）」

問題　**発言とは「立派な正解を述べること」と思い込んでいませんか?**

日本人に刷り込まれた心の習慣

日本人はみんな『おしゃべり』は大好きですが、「発言」は苦手です。「何か発言はありますか?」に対して「……」、「では終わります」に対して「……（ガヤガヤガヤ）」です。これが私たちの社会の一般的特徴です。「発言」という日本語に含まれたニュアンスは、英語で言う〝Saying〟や〝mention〟とは少し異なる「大胆にも言ってしまった取り返しのつかないこと」という暗く切迫したものです。だから、日本人にとっては「発言なんかしないで沈黙を保っていた方が身のためだし、余計なことを言って後で責任取らなきゃならなくなったら目も当てられない」というものです。

「問題発言」「トンデモ発言」「差別発言」「傲慢発言」といったネガティヴな表現は溢れていますが、『顕彰発言』「名誉発言」「謙虚発言」といったポジティヴな表現は全くと言っていいほど使われません。そんな中、「勇気ある発言」というポジティヴな意味の言葉はよく使われます。ただ、皮肉なことにこの言葉も「発言するのは大変なこと」というニュアンスを裏づけています。どうしてこうなってしまうのでしょうか。

ここにはどうにも強い思い込みがあるような気がします。それは「世間様の前でものを言う時には、それなりの立派なことを言わなければならない」という肩に力の入った、発言することを特別な行為だと決めつけた態度です。

もちろん不特定多数の人々の前で何か公的な発言をすることは、さほど軽いものではありません。その意味では、滅多なことで発言などできないという理屈は正しいし、公的発言には慎重であるべきだという心構えにも異論はありません。

しかし、そうだとしても、人はいつものを言う作法を身につけるのでしょうか。少なくとも仕事がデキることを目指す人は、こういう習慣を見直さないと、いつまでたっても物怖じしたままです。このままでは、マイクを向けられると逃げ回るオジサンやオバサンまっしぐらです。それでは人としてダメだという意味ではありません。仕事がデキるようになりたいなら、そのままではキツいと言っているのです。

でも、この習慣は長らく日本中に蔓延していますから、なかなか変えられません。大昔のことはいざ知らず、少なくとも近代社会になって以降、日本では学校が西欧に追いつき追い越すための知識と技術の刷り込み工場になってしまいました。だから、教室の中や職場の会議などでものを言う時の主体的な態度が、しっかりと教育されてこなかった経緯があります。学校で「黙って覚えなさい」とやってきたことが、多くのしゃべれない人間を生み出したのです。

大学の少人数のゼミナール形式の授業では、課題図書の内容確認報告が済むと、それに対するコメントをしてもらうために発言を促します。

「さて、ということのようですが、どうでしょうか？」

ところが、ほとんどの学生は黙り込んでしまいます。

「○○君、どう？」とつっついてみると、「…自分、まだ考えとかまとまってないんで…」となります。またか、です。タケル君と同様、もう判で押したように寸分違わぬリアクションです。

「まだまとまってない」

誰がこんな言葉を教えたのでしょうか？　よく考えると謎の言葉です。

完成された発言などありません

目の前にいるのは7歳や8歳の子どもではありません。いい歳をした一丁前の会社員であり、外国ではもはや有権者登録すらしている年齢の学生です。みんなが極端に無口な性格であるわけでもありません。何しろ授業が終わるとガヤガヤと本当にやかましいのですから。彼らに共通する、そして日本で教育を受けた人々の多くに共通するのは、やはり先に触れたのと同じ思い込みです。

発言する時は、すっかりと出来上がった完成品を提出しなければいけない。

なんと切ない、不幸な誤解でしょうか。この誤解を生み出してきたのは、「発言する時は、先生に尋ねられた質問に対して、ただ1つの正しい解答を言ってみせる時なのだ」という心の習慣です。子どもの頃から、教室で先生が尋ねるやり方はいつも次のようなものでした。

「この答えがわかる人は手を挙げて」

つまり、コメントするということは「答えを言うこと」なのだと思っていて、それがいい歳をしたビジネスパーソンになった今でも完全には抜けていないのです。もし議論という場での発言やコメントがすべて「完成品としての答えの提出」だとするならば、ほとんど沈黙が支配してしまうでしょう。企業の現場では時間制限の中でいつかは決断が下されるとしても、答えそのものには完成品などありませんし、学問の世界にも完成した解答など存在しないからです。

このままでは先に進むことはできません。とにかく、未完成なものとして発言する内容の振り幅を広げなければなりません。しゃべる力がないわけではないのですから、もったいない。

提案 発言とは、やり取りのすべてのプロセスと考えよう

発言は演説ではない

多くの人が発言をせずに黙っている時、必ず何かを恐れています。「立派なことを言わないとバカにされるんじゃないか？」という恐れです。そういう人は次のように

自分に言い聞かせてください。シンプルですが確実に勇気を得られます。

世の中のあらゆる発言の中に「立派な発言」なんかほとんどない。

先に示した、タケル君の尊敬するスティーヴ・ジョブズの〝Stay foolish!〟という言葉なんて、億千万の彼の発言の中のたった1つにすぎません。だいたい「これなら立派な口上だ」なんて、自分が決めるものじゃありません。人が後から評価するものです。

会議の発言のほとんどは、そもそも「自分の考えを述べること」以外のことによって占められています。今日から誤解を解きましょう。発言と「演説」を取り違えてはいけません。演説は1つの作品です。練りに練られた言葉のパフォーマンスとして、時には立派だなと思われたり、ある時には失笑を買ったり、場合によっては政治犯の逮捕の証拠とされたりするものです。

でも、私たちが考えなければならないのは、雑談でも演説でもない、その広い中間域に広がる「会議」や「ミーティング」での発言です。そういう場での参加者の発言の中には朗々と自説を講じるというよりもむしろ、自分以外の人間の持つ情報を引き出したり、話しながら自分の考えを整理することもたくさん含まれているのです。間《あい》の手も立派な発言です。流れを作るように発言すればよいのです。適切にやれば積極性をアピールできますし、自分の中に潜んでいた発想や思考に思いがけず気がつくこともあります。

コメントは6種類ほどしかない

「発言とは正解を言うことではない」ということを端的に示すために、議論の場で現われる大量のやり取りの中にどれだけの種類のコメントが含まれているかを少し具体的に示し、各々のコメントの果たす役割を思いつくままに書いてみましょう。すべては、会社の会議やミーティングに出てくる普通のやり取りの言葉です。

「これは要するに○○ということだと思うのです」**（意味づけを提供する）**
「そうした問題の設定でよいのかと思いますが」**（立論そのものの妥当性の評価をする）**
「こちらの方が説明としては説得的だと思います」**（優劣を示す）**
「これは大変真っ当なお考えですね／いかがなものでしょうか」**（善悪を示す）**
「少数ですが○○という評価もありますね」**（一般的な評価と対比させる）**
「それに関して確かに○○という事実があるのですね？」**（事実の有無を問う）**

「それは確かだと考えていいのですね？」（大切な事実を確認する）
「Aさんは、つまりこうおっしゃりたいのです」（他者の発言を言い換える）
「ポイントを確認すると○○ということですね」（要約してみせる）
「○○のような考え方も他方で存在すると思いますが」（反論をぶつける）
「○○という別の理由もあると思います」（同じ判断に別の根拠をつける）
「おっしゃる筋道はわかりますが意図がわかりませんね」（わからなさ加減を説明する）
「先ほどのお話に関連してAさんのご意見も聞いてみたいですね」（他者の発言を促す）
「前段部について異論はありません」（部分的同意を与える）
「○○という事実を確認してください」（事実を列挙する）

いかがですか？　これらはどれも、「立派なことを言っている」わけではありませんよね。やや硬い言葉で説明されていますから、何か高尚なことを言っているような印象を受けるかもしれません。ためしに最初の６つを高校生以下が使用するような幼児語に翻訳してみましょう。

「ぶっちゃけ○○っていうことじゃねぇ？」（意味づけを提供する）

「それ、もとからありえなくねぇ?」(立論そのものの妥当性の評価をする)
「こっちの方がよくねぇ?」(優劣を示す)
「それってなしじゃねぇ?」(善悪を示す)
「うちの姉ちゃんは、それヤバいって言ってたけど」(一般的な評価と対比させる)
「それマジで?」(事実の有無を問う)

つくづく中高校生というのは禅問答みたいな言葉を使うなと思います。ま、それはともかく、いかがですか? どれもしょせん大した発言ではないですよね。しかも、これらは「自分」を主人公にしているわけではありません。他者の発言を言い換えるコメントなど、「それってこういうことを言いたいんですよね?」と、相手をステージに上げようとしています。議論に集う者たちにとって、時としてありがたいのがそのような他者の発言のきっかけを与えるコメントです。なぜならば、これを絶え間なく誰かがやってくれれば、その場にいる者たちのエンジンは自然に温まってくるからです。

会社でも教室でも気の利いた人がたまに言ってくれるのが、「ちょっと僕自身も判断に悩む部分があるんだけど、○○君なんかは先ほどの発言からすれば、このあたりにヒントをくれそうなんですけど、どうですか?」といったナイスなコメントです。

これは言わば「舞台回しコメント」とでも呼べる類のつなぎコメントであって、実質的には新しい事実やそれの解釈や分析、価値づけや評価は含まれていません。でも、それで十分なのです。その場の流れが生まれてくるからです。

促された側が「オレも言いたいことあるけど、切り込むタイミングが難しいんだよなぁ。あまり『俺が俺が』って思われてもキツいし…」などと考えていたら、もうバッチリです。日本社会では一般的に「よろしければ一言だけ申し上げたいのですが」といった謙虚モードが好まれますから、安心して発言できます。

先ほどのコメントの数々はざっと挙げたものですから、このまま突きつけられても漠然とした印象しか持てないでしょう。分類してみましょう。

発言の場で飛び交う言葉の種類は、おおよそ次のように整理できます。

「それが誰の発言なのか」で2種類。
A「自分の言いたいことを言う」
B「他者の言葉を引き出す」

そして、その上で「やること」が3種類。

1「説明する」
2「尋ねてみる」
3「評価してみせる」

講演会のように一方的に自分の考えを伝えるだけなら、相手はただの聞き手にすぎません。しかし、議論となれば対話という往復運動ですから、時には相手の言葉や論理を引き出すことが必要となります。ですから、まずは「自分の言いたいことを言う」と「他者の言葉を引き出す」の2つです。

「説明、質問、評価」の3つは、それぞれある発言者の言ったことを「これはこういうことです」と説明し、「これはこういうことですよね?」と確認し、そして「これはなかなか鋭い指摘ですね」と評価することです。こう分けてみれば、組み合わせて6種類のコメントを考えてみることができます。

A-1「自分の言いたいことを説明してみせる」
A-2「自分の言いたいことを質問の形で確認する」

A-3「自分の言いたいことを評価してみせる」
B-1「他者の説明を引き出そうとする」
B-2「他者の言うことを確認する」
B-3「他者の評価を引き出そうとする」

だいたいこの6つしかありません。少しは気が楽になりませんか?

発言に正解はない

こう考えれば、発言とは「1回完結! 決まったぁ!」というようなものとは程遠い、淡々と重ねていくようなものだということがわかります。1発で決めることなんかできません。このあたりが、経験の積み重ねのあまりない人々にはわからないのです。サッカーで言えば、試合は枠を目がけてシュートをひたすら撃ちまくることではなく、相手の守備陣を混乱させたり、味方の動きを促そうとしたりして、数多くのショートパスをつなぐことで成立するようなものです。

心が強ばって自信を失っていると、どんどん発言することから逃げるようになり、そうこうするうちに、ショートパスをつなぐためのレトリックを備え損なってしまうのです。冒頭対話からヤマト君の発言を思い返してみてください。彼はほとんど自分の言いたいことを完成品として提出などしていませんが、課長から信頼されています。なぜでしょうか？　彼の言ったことは、要はこういうことです。

「この点については、正直言ってクリアなことは言えませんけど、課長のさっきのご指摘が気になっているので、もう一度説明を伺いたいのですが…」

なんだか〝それらしい〟コメントに聞こえます。実質的には「俺はわからんから課長が代わりに言ってよ」なのですが、沈黙してお通夜のような場作りをしてしまうよりも、この方が大人のコミュニティとしては100倍ましです。教育をある程度受けた者たちの目的を持ったコミュニティにおいてもったいないのは、「なんかみんな黙っている事態」が継続することなのです。

どうしてこんなつなぎみたいなコメントでいいのかと言えば、もう一度繰り返しますが、議論の場においては正解など最後まで出てこないからです。ここに列挙したコメントのどれをとっても、前提になっているのは「結論（暫定的な判断）はまだまだ出ませんが」という留保をつけるような基本姿勢です。要するに、「話し続けてもおそらく結論なんか出ないでしょうけど」という認識です。拍子抜けするでしょう？

無理もありません。この認識は、大学に入るまでの12年間で身につけてきた基本認識と逆のことだからです。正解が見つかったら勇気を出して答えを言ってみるというトライを12年もやってきて、13年目にたどり着いた大学では、すべての発言が「正解なんかないけど」とされるからです。本当は、この時にこのシンプルな事実を知っておかなければいけなかったのですが、そのことに気づきつつもあまり明確に考えてこなかったため、社会人になった今もどこかで萎縮してしまっていたのです。

あらためてシンプルに言ってしまいましょう。

「正解などありませんから何でも言いましょう」

相手との共有点を探るために言葉を交わそう

心と体が強ばっていたら、発言はなかなかできません。何よりも私たちはどうして議論などするのかという目的すら誤解して、「それは正解を導き出すためです」と考えてしまいます。これも実に不幸かつもったいない勘違いです。それこそ第2章で触れた、「悪しき35点主義」の典型ですね。

議論する以外にやることがない学問の世界に足を突っ込んで、かれこれ30年の私ですら、議論の場で「正解だけを発言願います」などという縛りをかけられたら、うつむいて永遠に沈黙を守り通すことになるでしょう。

私たちのコミュニティでは、発言することの意味が理解されていないため、沈黙と同時にそれが反転すると、今度は非常にとんがったものになります。つまり、議論するということを戦いだとする傾向があるのです。特に多いのが、「文句をつけること」「気持ちをぶつけること」「反対者をコテンパンにすること」の3つです。残念ですが、それではいずれも仕事がデキるようになることに結びつきません。

昔のムラ社会では寄り合いがあって、長老がいて、下の者の間に何か不穏な空気が漂うと「この際だから、おめたち若い衆も今日は言いでぇことさ言って、腹の中のもん吐き出せ」などと促されました。言いたいことを言うと、「おめだちの気持ちはよぐわがった。言うだけ言って、吐き出すだけ吐き出したら、後はおらたちの言うごとさ聞げ」となったのです。要はミーティング（寄り合い）とは、ガス抜き儀式でした。これでは、話す文化が成熟するわけがありません（無論、こういうムラ社会のよいところもありますが）。

あまり耳慣れない言い方かもしれませんが、私たちが議論をする本当の理由は、**「自分はあの人といったいどこで分かれてしまったのかを確認するため」**です。そう言うと、「でもそれじゃ、あの人と考えが違うことをはっきりさせることになるから、しこりも残すし後味も悪いのではないですか？」と不安を訴える人もいます。もちろん議論の仕方によっては、「今はもう遠い距離がふたりを隔てているのだな」という気持ちを強めます。

しかし、私がここで強調したいのは「異なる点」だけではありません。「〇〇までは同じ道を歩いていたのだ」ということを確認することの大切さを強調したいのです。そして、何が違うかだけでなく「何を共有しているのか」を確認することのポジティヴな意味を大切にしたいのです。

議論によって対立点を明らかにするというのは、別に間違ったもの言いではないと思いますし、正確な認識を得るためには大切なことです。しかし、「ここまでは共有していた」ということを確認することで、何を克服すれば共有地平を増やすことができるだろうかというポジティヴな方向に向けるのです。

例えば、私は昔政治談義をしていて、ある友人の言葉の端っこを過剰に受け止めて、「あの野郎はとんでもねぇ右翼だ」と決めつけていました。売り言葉に買い言葉で、相手もこっちのことを「左翼ファシストめ」と思い込んでいました。

ところがひょんなきっかけがあり、ちゃんと話してみたら「自分の愛する故郷や地域の人間こそ最も大切な人たちである」という基本姿勢と「大資本のスーパーよりも個人がやってる商店街にお金を落とすというように、虐げられている経済的弱者へのシンパシーを持っている」ことが彼と私の間では完全に一致していました。さらに話してみたら、「世の中を父親のような権威を通じてまとめるか、ヨタヨタしながらでもみんなで相談しながら決めていくか」の部分で袂《たもと》を分かっているにすぎないことに気がついたのです。

考えてみれば、強力なリーダーに重きを置くことと、より民主的に物事を進めることの差は所詮程度の違いにすぎません。様々な中間領域があるからです。このやり取りの後、両者の心に残ったのは「俺ら、そんなに違わなかったんだな」という温《ぬく》い気持ちです。そして、本当の戦うべき相手が誰なのかが浮上してきます。

つまり、議論をして袂を分かつのではなく、議論をすることで人間が結びつくことの方が、我々全体の水準を上げていくと思うのです。そのために私たちは議論をするのです。

発言することに大仰な意味を込めすぎている人は、発言して議論して結論を出すことにとても億劫になり、ギスギス感も増大し、自分にはそんな切った張ったはできないと思ってしまいます。そうならないためにも、議論するそもそもの目的というものを、もっと前向きにとらえましょう。ちゃんと話せば、友人が増えるのです。

話しながら考えるという、もう1つの方法

ここで私が書いているようなことを学生時代にあまり自覚的に考えてこなかった社会人の皆さんには、まずは1つのことをできるようになっていただきたいと思います。それは、とにかく会議やミーティングの場が「お通夜状態」に陥らないようにすることです。

何度も強調してきましたように、立派なことを言わなくてもよいのです。お地蔵さんのようになる、あるいはそう決め込む、そうやってやり過ごそうとするのをやめることです。この習慣を取り払わなければ、今後の職業人生において自分の眠った力を引き出すことは厳しくなります。なぜならば、仕事がデキる人、節目節目で世界を評価することができる人は、少なくともお通夜みたいなミーティングでお地蔵さんみたいになることを避けられるからです。しかも、それを立派な演説によってではなく、他者の力も引き出しつつ、それを自分の力に変えていこうとするコミュニケーションによって可能にしています。

これまで言ってきたことを若干整理してみましょう。発言できない理由はたくさんありますが、最大の原因は「立派なことを言わねばならない」という思い込みでした。でも、会議やミーティングでやり取りされている発言のほとんどは大したものではありませんでした。だいたい6つくらいのパターンを緩やかに意識して、まずはショートパスをつなぐように「演説」ではなく「コミュニケーション」をしましょう。それでこそ、仕事がデキる人間の強い基盤となりうるというものです。

そして、そのことを踏まえた上で、私は皆さんにもう1つ秘策をお伝えしたいのです。それは、「考えをまとめてイメージして言葉を探してゴー」という順番を変えてみたらどうかということです。つまり、**「考えてから話す」のではなく、「話しながら考える」のです。**

かつて書いた本（『言葉が足りないとサルになる』、亜紀書房刊）の中で、私は「考えがまとまってから何かを言おうとすると、永遠にものが言えません」と書きました。そして、とにかく出だしからエイヤッと言葉を使って話し始めると、自分の中に眠っていた色々な考えが浮上してくるので、話し始めて考えればいい。心のモヤモヤに言葉を当てはめるんじゃない、言葉を使って心にある考えをはっきりさせて、引き出すんだとも書きました。

このことが有効であることは、大学の教室でも明らかになっています。ある問題について「どう？　コメントしてみて？」と学生に言うとお地蔵さんになってしまうことに業を煮やした私は、ためしに「今から僕が言う言葉をそのまま使って、それを言い出しの言葉にして続けてごらん？」と助け舟を出してみました。

「それじゃ、『子ども手当には財源がないとメディアは言うけれども』とそのまま言って、そこからつなげてごらん」。

驚くべきことに、普段は「君は病気なのか？」と心配するほどおとなしい学生が半信半疑でこれをやってみたところ、「…言うけれども、…特殊法人とかに流れている予算とかもあるわけだから、…一概にその政策が間違っているとは言えないと思います」と、大したことではないけれどちゃんとした発言をコンプリートしてみせたのです。

これには、私だけではなく本人が一番驚いたようで、「自分がそういう風に漠然と考えていたことを話してみて発見した、という感じです」と言っていました。これは彼が思っていたことに言葉を当てはめ、パズルのように発言をつなげまとめて声帯を震わせたからではありません。私から与えられた出だしの言葉をそのまま言って声帯を震わせ、肉体を動かすことで自分の中にある思考を自分で組織化したのです。そうしたことで、眠っていた自分の何かが目覚めたのです。

タケル君は、課長に尋ねられた時は「まだ考えがまとまってない」と思い込んでいました。でも、社食での会話を思い出したヤマト君が発言を促したことで、「和風＝抹茶ではない」ということをもう一度思い出しました。そして、それがきっかけとなって、眠っていた言葉がどんどん出てきたのです。

さらに、それに対して課長が「おまえも色々考えてるじゃないか」と反応したことで脳内アドレナリンが吹き出し、気がつくとたくさんの発言をしていました。それらの発言は、自分の考えに近い言葉のストックの中から選んでこしらえた作文ではありません。言葉を使いながら喉と体を動かしていたら、自然と「自分にこんな考えがあったことを発見した」ということなのです。

かつて、学校では「気持ちを言葉にしてみよう」と教わってきました。でも、私がここで勧めたいのは、言葉と心の順番を逆にしてみようということです。何でもいいから声帯を震わせれば何かが始まるのです。もちろん、それですべてがうまくいくとは言いません。

しかし、苦手な場をやり過ごすために、いつものチキンぶりを維持したままでは、あなたの職業人生はなかなか変わりません。学校を出てオフィスで働く人間は、言葉を使って活路を見出す以外に生きていく道はないのです。今のあなたはそれができそうなことに気がついているはずです。

第7章

基本装備としての文章術

イイタイコトを最低限のルールで書く

若手社員タケルと課長の対話

タケル　「課長、2月にやったイベントの総括レポートを社内報に載せるんですけど、原稿読んでいただけましたか？　水曜日に添付でお送りしたんですけど」

課　長　「読んだよ」

タケル　「どうでしたか？　あんな感じでいいですか？」

課　長　「一生懸命書いたのは伝わるけどさ、なんかよくわからないんだよ。変な日本語で」

タケル　「そうですか…。添付する前に一応ワードの文章校正にかけたんですけど」

課　長　「あれで？　それもあるけど、おまえの文章はそれ以前に要するに何が言いたいのかがわからないんだよ」

タケル　「言いたいこと…ですか？」

課　長　「なんかダラダラ書かれたメモ風備忘録みたいで、総括した結果何が出てきたのかが浮き彫りになっていないんだよ」

タケル　「はぁ…すいません。自分、人をうならせるような文章を書けないんですよ」

課　長　「**誰も名文を書いてうならせろなんて言ってないだろ。**普通に書けって言ってるんだよ」

タケル　「普通に…ですか…」

課　長　「例えばさ、この2ページ目見てみろ。『なぜならば』って書いたら、日本語は普通『〜だからです』って結ぶんだよ。それから、この『今回のラインナップは』の文に主語が2つあるじゃないか。それに、ですます調とである調を交ぜて書くなよ…（クドクド）」

タケル　「すいません。直しておきます。でも課長、社内報ってパワポが使えないから、長い原稿を書くことに慣れてない自分には結構辛いんですよ」

課　長　「パワポができたって、まともな文章書けないなら意味ないぞ。そもそも、パワポっていうのはちゃんと文が書ける奴が使うもんだろ？」

タケル　「いや、パワポかなり便利ですよ」

課　長　「…（ダメだこりゃ）」

タケル　「（ヤベっ）実は文章の書き方を、まともに教わったことないんですよ…」

問題 文章を〝ただ〟〝なんとなく〟書いていませんか？

イイタイコトを意識しよう

若いビジネスパーソンも学生も文章を書く様々な機会があります。会社では企画書や営業の報告書を書き、大学では単位のために答案やレポートを書きます。しかし、多くの人が〝ただ〟書いているだけです。

〝ただ〟書くとは、「イイタイコト」をビシッと伝えるために心を砕くことなく、「漫然と」「漠然と」書くことです。ちなみに、イイタイコトを別名「論旨」と言います。そこにある論述の要旨ですから、論旨です。

論旨のない文章のことを、記号とか象形文字などと意地悪に呼んでみたりもします。つまり、時々漢字の交じった、ひらがなとカタカナでできたイイタイコトがさっぱりわからない文字の羅列です。小学校1年から12年間、くだらない読書感想文を書かされ、大学に入ってもそれっぽく軌道修正しただけのままやり過ごし（やり過ごせるところが日本の大学のぬるいところですが）、そのまま会社に入ってきた人々が書く文章の大半がこうなりがちです。もったいない。

通常、そこに言葉があれば必ず意図があると考えます。何の意図もなく言葉を使う人はほとんどいません。虚空に向かって「畜生！」と叫ぶことだって、「何だか面白くねぇんだよ！」という意図を表現しているのです。こんなことは何も今更言うことではないのですが、たまには自覚的に意識しないと癖のように意図のない文章を書いてしまいます。サッカーで言うと、ディフェンダーが展開も考えずにただ前にバカ蹴りする、意図のないプレーです。

仕事のデキる管理職の方々が苦しい思いをしているのは、部下が書く文章が単に稚拙だからではありません（稚拙さもあるレベルを超えると読む側には拷問に近いのですが）。それ以前に何とかしてほしいのは、イイタイコトがわかるように書いてほしいという、ものを書く時のスタートラインの問題です。「伝えようと思っていることをはっきりさせないで、漫然と〝ただ〟書くのはやめてほしい」ということです。

漫然とした文章を書かれるくらいなら、小学生のような稚拙な日本語でもいいので、「ぼくわまりちゃんのことをしぬほどきらいです」とイイタイコトをはっきりと書かれる方が、よっぽど人とともに生きることの喜びを堪能できます。

このことに意識的になるだけで、皆さんの書く文章はあっという間に2ランクほども上がります。文章があり、そこには意図がある。その意図を有効に伝えるために言葉を選び、段取りを工夫する。すべてはイイタイコトをしっかりと世界に伝えたいからです。そこに起点があります。このことが思いのほか意識されていません。これは問題です。

イイタイコトには理由がある

イイタイコトを伝えるためには、それ〝だけ〟を書けばよいわけではありません。イイタイコトを〝ただ〟書くだけで許されるのは、原則的に読み手が自分自身である日記や独白の類だけです。これは伝えることが目的ではなく、自分自身が忘れないように書き留めておく、あるいは記録を残すためにすることだからよいのです。

論旨を伝えるためには、「論拠」が不可欠です。これは、イイタイコトの理由です。論拠のない主張・判断は論述ではなく、独り言です。気持ちを伝えることが目的ならば、必ずしも論拠のような堅苦しいものでなくてもよいでしょう。

でも、申し訳ないという気持ちを伝えたい時に、闇雲に「すみません！　すみません！」と百回謝られるよりも、誠意ある謝罪とセットで、そう思い至った心の軌跡を理由として添えた方が人の気持ちは温まります（もちろん逆効果になる時もあります）。

前にも指摘しましたが、日本の国語教育は独特で、「作者の心情を考えてみよう」というような、「心のありか」という曖昧で明確な論拠を示す必要のないところにアプローチするやり方になっています。だから、私たちは子どもの頃から気持ちや感想を吐露することが、メッセージの発信だという考えが身についてしまっているのです。

しかし、イイタイコトを論理的に伝えるためには、印象を吐露する手法だけでは十分ではありません。それどころか曖昧なもの言いを日本語独特の婉曲的表現というお門違いな話に埋没させて、大切なことを置き去りにしがちです。文章には、必ず「そのように言いたいと判断した根拠」を示さねばなりません。

まとめましょう。**文章は、イイタイコトとしての論旨と、そう考えた理由がなければいけません。**それらをきちんと意識していないために、多くの人が漠然と〝ただ〟書いているのです。

提案

「作戦」「最低限避けるべきこと」の2つを意識して書こう

イイタイコトのための作戦を立てよう

ビジネス上や不特定多数の人々に読んでもらう意図を持った文章の作成には、最低限のルールがあります。これをきちんと身につければ、驚くほど他者の評価が変化します。多忙な仕事の過程で、シンプルでポイントを外さない文章を短時間で書く能力を身につければ、間違いなくビジネスパーソンとしてフンクが上がります。

残念ですが、「いい文章を書くにはどうしたらいいか」などという大それたことは本書では全面展開できません。それに対する答えは無限にあると言ってもいいくらいで、そのことを巡ってこうして書いている私も日々悩み続けています。

だからここで皆さんに提案したいのは、基本も基本の部分です。それは2つです。

1つは、論旨明確で根拠つきの文章を書くための基本の「作戦の立て方」です。

もう1つは、防衛作戦。つまり「こう撃って出よ」ではなく、「これだけは避けよ」

です。いずれも必ず効果を上げます。

「五月雨《さみだれ》」という言葉をご存知でしょうか？　陰暦の五月、要するに梅雨の時期に長々と降り、途切れ、また長々と降ったかと思うとまた止んでといった具合に不規則にダラダラと降る雨のことです。これになぞらえて、イイタイコトをきちんと伝えるための作戦が欠けている文章を「五月雨文」と名づけましょう。これがひどくなりますと、五月雨のように要領を得ない「書きっぱなしの文」がプツリプツリと続き、リズムのない、まるで寝言の口述筆記かと疑うようなものとなります。ですから、必要なのは「こういう順番で、こういう組み立てで説明すればわかってもらいやすいだろう」という作戦です。以下、基本作戦をまとめてみましょう。

①論旨をきちんと伝えるためには、構成が存在しなければならない。
②構成とは、イイタイコトを伝えるための段取りのこと。
③段取りには「段」が必要で、それは「パラグラフ（段落）」と呼ばれる。
④段取りの組み方は書き手の自由だが、有効な段取りについてはいくつかのモデルがある。

A　先制攻撃型……イイタイコトを最初に力強く述べて、後にそれがどういうことであるかを説明していく段取り。短い叙述の場合は非常に効果的。

B　水際作戦型……徐々に読み手の興味や関心を惹きながら、最後に啖呵を切るようにイイタイコトをぶつける段取り。用意周到にやればやるほど効果も高い。

C　中押し攻撃型…論旨を示唆するように書き出して、中心部分で全面展開し、最後はさらりと流すやり方。バランスがよいのが長所だが、最後の「流し」でツマラナイことを書くと台なしになる場合がある。

こうした作戦を意識して展開するならば、皆さんは冒頭で注意を喚起した〝漫然と〟〝ただ〟書くことの意味が、また1つよくわかると思います。

相手を説得するためには、ただひたすらストレートにぶつかればよいというものではありません。恋愛と同じで、正直さ故に「ドン引き」されることもあります。逆に、手練手管に走りすぎて策に溺れるような場合もあります。この作業は非常に大切で、同時にさほどやさしいものではありません。この本を書いている私自身も、この本の組み立てをどうしようかと散々悩んで悩み抜いて、半分ギャンブルのような気持ちで取り組んでいるのですから。

肝心なことは、パラグラフには必ず全体の中での役割があるということです。ここに意識が行っていない人は、30行くらいのパラグラフの文章を提出してきます。そんな巨大なパラグラフにいったいどんな意味と役割を込めているのでしょうか？　通常はそういうことはありえません。

例えばAの作戦を採用した場合には、冒頭のパラグラフは「この論述の論旨にあたるもの」をスパンと打ち出すための役割を果たすはずです。Bならば、意外なエピソードで読み手を「おや？」という不思議な気持ちにさせて、「これは何かあるのか？」と思わせるような文章を最初の段で設定するでしょう。わかりやすいのは、Cのパラグラフの役割です。これは論述全体の長さにもよりますが、普通は、論旨を確認するようにまとめるか、論旨を示した直後に「この問題にはなお検討の余地がある」と、未解決の問題を示唆しておくかのいずれかです。

もし、各々のパラグラフの役割をより明確に伝えたいならば、見出しをつければいいでしょう。本書が小見出しで括って「節」のようなものを表現しているのも基本的にはこれを意識してのことです。このようにブロック作りをしていけば、それによって論述全体の構成が明らかになり、書き手の伝えようとする意図がわかってきます。

もう1つの実践的効果が高い方法とは、いわゆる「冒頭看板」作戦です。日本語の文章は総じて各々のパラグラフの最後の文章に、そのパラグラフの内容を集約した情報がまとめられています。ところが英語の文章などはこの逆です。英語の文章はほぼ例外なく、パラグラフの冒頭文にポイントが示されています。これけ慣れると非常にありがたいもので、英語論文を大量に読まねばならないのに時間がない時には、ペロリと舌を出して「パラグラフ冒頭文だけ」を次々に読んでいくことがあります。不思議なことに、50ページもあるような論文の概要が、だいたい山の稜線のようにたどれるのです。

これを逆手に取ってみればよいのです。つまり、段取りの「段」の冒頭文にポイントを書いてしまうのです。例えば「効率的な業務再編について」という文章を作成するとして、「現状」→「問題点」→「具体的改善作業」→「残る問題」という段取りを考えたとします。この時に、例えば「問題点」のパラグラフにおいては冒頭にポイントである「最大の問題は社内調整に大半の時間が費やされていることである」をビシッと書いてしまうのです。こうやって組み立てを考えていくと、自分が曖昧にしている点や、まだまだ議論が必要な部分に気づいたりします。

文章作成のためのやってはいけない10か条

文章を書く極意のようなものは存在しません。極意ではなく、「常識」があればいいのです。昔は、どのタイプの文章にはどの言葉遣いをすればいいのかを、本を読んで真似して学びました。

ところが、あらゆる領域で「何でもアリ」状態のこの国の文化状況においては、「それはこういう文章を書く時にはやってはいけないことなのよ」と言って確認しておかないと、本当に何でもアリの文章を書いて提出してきます。「ぶっちゃけぇ、オレ的にはそういうウザい話はアリえなくねぇっていう感じっすかねぇ？」とほぼ変わらない話し言葉文で、レポートを提出された時の衝撃は忘れることができません。

日本語表記については、これまでに何千人分ものレポートと答案を読んできた経験から得られた多岐にわたる項目の注意事項がストックされてあるのですが、それを全部提示するわけにはいきません。その代わりに、「これさえやらなければ最悪の事態にはならないだろう」という程度の注意書きを読者の皆さんのために示してみたいと思います。すべての文章スタイルに対応しているわけではなく、社会人なら企画書や報告書、学生なら答案やレポートといった、一般的な文章を念頭に置いています。ご了承ください。

①常体（である調）と敬体（ですます調）を交ぜてはいけない

まさかこんな子どもじみたことを大人がするはずがない、と高をくくっていらっしゃる管理職の皆さん。甘いです。頭を抱えるのは、「どうして区別しなければいけないのかがわからない」と平然と訴えてくる者たちが少なからずいることです。このあたりを許して放置すると、もうダムが決壊するような事態になります。

②話し言葉を使ってはいけない

先にも触れましたが、普通に「そういう認識はなにげに微妙だ」というように書く人間が、この10年くらいの間に大増殖しています。「なにげに」は話し言葉です。どうやら「なんとなく」という意味で使われ、上は50代半ばの人たちにまで浸透しています。しかし、これを公的文章で書くことを許してはなりません。また、「じゃないかなぁと思ったし」というような直接話法的な表現を含む文が無造作に使用されています。これは「ではないかと思った。そして…」と書き直さねばならないと言うと、「何が違うんですか？」と逆に問い返されるのが今日生じている事態です。

③「僕は」「私は」という一人称を頻繁に使ってはいけない

使うなと言っているわけではありません。すべての文章にこの一人称をつけなければいけないと思い込んでいる人がいるのです。それをやると「小学6年生の作文」のようなたたずまいとなる場合が多いので、大人ならそういう印象を与える文章を書きなさんなということです。「英語では、『I』と書く場合が多いじゃないですか？」と疑問を呈する方もいますが、論説文やアナリシスの文章にはあまりこの一人称は出てきません。

④「〜だと思う」「〜だと感じた」「〜と考える」を多用してはいけない

ここ一発と啖呵を切る場合には、揺るぎない信念に依拠して「だと思う」と書くと、論述によい緊張がもたらされて力強い印象を与えます。しかし、これも多用すると「ああ、文章を書き慣れていない人なんだなぁ」という残念な印象を与えてしまいます。そもそも、思ったことを書いているわけです。感じたことを「感じた」と書くのは、論理で勝負する文章においては「印象を語っているだけ」というマイナスの評価のもとなってしまいます。とりわけ私たちの社会では、『見解』と言うと角が立つのではないか」という、実に脆弱なメンタリティが蔓延しています。ですから、ややソフトな（とされている）「印象」でお茶を濁そうとする集合的無意識があり、「感じた」と書くことがあたかも何かの配慮をしているというバカげたことになります。「感じ」ではなく、「見解」を書くのです。そのためには、逆に「〜と思う」とやらないで「〜だ」と言い切りましょう。

⑤「〜ではないだろうか？」という弱腰文を多用してはいけない

これも多くの人が書いてくる、もったいないフレーズの1つです。この表現がもたらすマイナスは、ひとえに「論旨が弱くなる」ということです。書いた本人は、謙虚でソフトな言い方だと思っていますが、会話で行うコミュニケーションとライティングでは、言葉が持つ働きや力は異なります。論述文で最も大切な場面、つまりイイタイコトを示す時に、これをやってしまうと致命的です。「え？　そんなに自信がないことを書いているのか」と受け取られてしまいます。こういう問いかけ文は、本当にここ一発という時に使いましょう。

⑥主語（主部）を意識の中で曖昧にしてはいけない

③と矛盾しているのではないかと誤解されがちですが、違います。ここのポイントは、言語の基本構造である「何が―どうした」の「何が」の部分が曖昧で整理されていないと、背骨部分が壊れてしまうという意味です。レポートの朱入れをしていると頻繁に出会うのが、以下のような「2つの主部のある文章」です。これは崩壊した日本語です。

「TPP肯定論は国内外からの反発の声が上がった」

述部である「上がった」の主部にあたるものが「TPP肯定論」と「声」の2つあり、基本構造が壊れています。慌てて書くと、私もよくやる間違いです。

⑦指示語（「それ」「これ」「その」等）を曖昧にしてはいけない

指示語というものは、それが受けている言葉が長かったり、先行する内容全体を指す場合に、文章が煩雑にならないようにするために使います。指示語が何を指しているのかが曖昧だったり不明だったら、逆に混乱を招きます。文章を書くのが苦手な人の多くは、指示語が何を受けているのかを深く考えずに、フィーリングで「あれ」「それ」と使っています。指示語が指していることをしっかり意識しないと、論理的な文章はなかなか書くことができません。逆に、普段よりちょっとでも強く意識して書くと、驚くほど明晰で筋道の通ったわかりやすい日本語になるものです。本当です。これはすぐにできます。

⑧長すぎる修飾語をともなう主語を作ってはいけない

いわゆる〝悪文〟と言われる文章の代表は、単文の構造が頭でっかちになっているものです。例えば「私たちの日本社会がこれまで意図せずに不可視なる存在に追いやってきた在日コリアンは納税者だ」という文などが、この典型です。構造的には、主部は「在日コリアン」で、述部は「納税者だ」です。にもかかわらず、長い修飾語「私たちの日本社会がこれまで意図せずに不可視なる存在に追いやってきた」が、この文のバランスをとても悪くしています。これは関係代名詞で連なる、英語の翻訳文などにはよく見られます。英文和訳の初学者がする、「～であるところの」という表現に引きずられた時に起こります。これを多用すると本当にわかりにくい文になります。

⑨パワーポイントに寄りかかりすぎてはいけない

近年、同世代の管理職の人からよく聞くのが、「パワーポイント（以下、パワポ）を使うことが多くなって、部下の日本語力がどんどん劣化している」という話です。パワポはきちんと使いこなせば非常に有益なソフトで、短い時間で効率的に重要なポイントを説明でき、かつ見た人にビジュアルで印象を残すことができます。最近は講義でパワポを使用する教員も増えており、大学でもこれに対応した教室の整備も進んでいます。

しかし、プレゼンテーションはパワポをどれだけ駆使できるかによって決まるのではありません。大量のデータと言葉、議論のやり取りを背景に、重要ポイントを効率よく表現するソフトですから、順番からいえパワポを使う前に「たくさんの言葉」が用意されていなければなりません。ここを勘違いすると、「パワポを使ってプレゼンすれば仕事終了」となりがちです。パワポを使うことで、なんだか自分が色々なことをわかっているという気になってしまうのです。こういう安易な人は皆さんの周りにもいるでしょう。

仕事のデキる人は、この順番を決して間違えません。文章力という基礎があってこそ、パワポによるプレゼンが的を射たものとなるのです。このことに気づいた管理職の方は、パワポのプレゼン以外に、きちんとした文章を部下に要求することが増えているそうです。次のような言い方をすれば、もう少しわかっていただけるかもしれません。

基本の文章をきちんと書けるようになると、パワポでのプレゼンも明らかにクリアになります。

⑩無断でコピペをしてはいけない

昨今、我々が直面しているやっかいな問題が、ネットワーク社会が発達して以降に文章を読み書きすることを覚えた世代による「何でもコピペで済ませる傾向」です。これは、まずいことになっています。なぜなら、文章を書くという行為の根本に関わる問題だからです。

この世に文章というものがあれば、そこには必ず「書いた人」が存在します。その人が誰にでも取り換え可能なものを書く場合には、原則として記名する必要はありません。例えば、「今日は○月○日である」という文章は、その内容が事実に即しているならば記名は不要です。記名がないということは、人格が宿っていないということです。逆に言えば、記名されている文章は背後に人格があるので取り換え不能です。

人格が宿るとは、その文章に固有の価値判断が含まれているということです。これが、「個人は取り換え不能である」という根本の理屈です。

コピペした文章を「自分の書いたもの」として提示するのは、他者の人格と自分の人格を区別していないことになります。そういうことにこだわりのない人は、自分自信が持つ価値判断にも無頓着だということになります。

私は、仕事がデキる人は場面場面で評価ができる人だと、しつこく書いてきました。そこに立ち戻れば、やはり人の書いた文章、とりわけ書き手の価値判断や固有の評価を平気で自分のものにできる人は、そもそも評価というものを真面目に考えていない人だということになります。たとえ悪気がなくてもです。

パソコンのスイッチを入れてインターネットに接続すれば、溢れんばかりの言葉が湧き出てきます。そこには万人が共有すべき言葉もたくさんありますが、固有の人格を持った者による渾身の言葉の紡ぎというものもあるのです。仕事のデキる人は、そうした人間の真摯な努力を必ずリスペクトできる人です。これは文章技法の問題ではありません。

評価を左右する「ちゃんと書ける」ということ

本章では、これまで「漫然と書くのはダメ」「イイタイコトの根拠がなければダメ」「イイタイコトを言うには作戦がなければダメ」「文章作成でこれは避けなければダメ」とネガティヴなことを連続して書いてきました。まったくダメダメ説教オヤジです。それも、かなり強いトーンで言ってきました。ご寛恕《かんじょ》ください。

その最大の理由は、**「書く」という仕事が現実には他の行為よりも決定的な評価を受けてしまうことが多い**からです。ワンランク上の職業生活、知的生活のための地力として私が考える「ちゃんと読める」「ちゃんと話せる」「ちゃんと書ける」は、どれも同じくらい重要です。とりわけ現実レベルで考えると、「ちゃんと書ける」の比重はかなり大きくなります。皆さん、もうおわかりですね。

これは学生時代にも比重の大きいものだったでしょう。私の職場の大学では、先に挙げた3つの地力はいずれも学生評価に不可欠な項目ですが、日常的にこれらをすべて完全にチェックすることは不可能です。ゼミナールの学生10人程度だけを教えているならば、様々な場面で能力を総合的に評価できますが、現実には数百人が履修登録している講義科目を担当しています。全員と面接して、「ちゃんと話せるか」「ちゃんと読めているか」を判断する物理的な時間はありません。

ですから、現代の大学ではほとんどの学生の評価を、試験の答案を通じて「ちゃんと書けるか」で判断しているわけです。面接をして、口頭試問をして、かつ書いた文章も評価のために読むとなると、ひとりだけでも大変な時間を要します。

しかし、答案なら速い時には1分以内（白紙答案なら1秒！）、遅くても5分以内で評価することができます。残念な答案はだいたい最初の5行でわかります。大量の学生を相手にする大学では、これは不可避な条件です。我々も別にこれでよいと思っているわけではありませんが、現実には評価ためのデータは紙に書かれた文章なのです。直接話せば「なかなかの奴だ」となるかもしれませんが、そうやって評価することは現実的に厳しいのです。

会社でも事情は同じです。上司は皆忙しいのです。新しい商品企画のためのパワポを使ったプレゼンも大切ですが、それはその企画がかなりいいところまで行ってから与えられるチャンスです。それが公募のような形を取れば、応募者は何十、何百ともなるかもしれません。そんな時、個別のプレゼンを何十回もやってくれるほど企業は暇ではありません。

また、報告書の作成や部下の評価レポートなども同様です。社長を含めてマンションの一室でやっているような規模の会社ならともかく、部下が何十人もいるような組織では、いちいち時間を作って対面でコミュニケーションをとれるほどの余裕はないので、「メール添付で出しといてくれ」ということになるのです。役所のようなところになれば、仕方なくではなく証拠残しと前例踏襲に引きずられて、文書作りそのものが目的化したような仕事ぶりとなるでしょう。

つまり、近代社会のオフィスワークでは、現実的に書けないと仕事にならないのです。大学では、いくらか企業とは事情が異なりますが、それでも「ちゃんと書ける」ことに依りかかって評価されていることは間違いありません。そうなれば、ちゃんと書けることの重要性は決定的です。紙幅の都合で、本書ではこの項目についてはここまでしか触れられませんが、本当はこのテーマだけで1冊の本を書かねばなりません。実際に書店に行きますと、文書作成のためのマニュアルが溢れるほど置かれています。

これをお読みの皆さん。この章に書いたことは、知的職業生活のための最少限のアドヴァイスです。この力を伸ばすための修練には終わりがありません。この問題はビジネスパーソンとして職業人生を送る限り、必ずついて回ります。どうしても逃げられない問題です。

でも、ポイントをつかんで地道に修正することで大きな結果を得られるのです。

第8章

批判は愛情である

創造的やり取りの出発点としての批判

会議後のタケルとアスカの会話

タケル「今日の会議で俺、ヤマトにちょーディスられた。ムカつくわ」

アスカ「え？　どの話？」

タケル「ほら、俺がソフトバンクの孫さんの太陽光発電を例に出して、洋菓子メーカーとしてできるエコ活動について話したら、あいつ『そういう安易なアイデアはどうかな？』って言ってたよな。俺、言われてるよって感じ？」

アスカ「だってタケルの言い方、いかにも安易だったじゃないの。だいたい、孫さんのこと持ち上げすぎじゃないの？　ま、それはともかく『**ディスられた**』で**終わりにして、拗ねてたらもったいないよ**」

タケル「おまえもあいつの味方するのか？」

アスカ「そういうことじゃないでしょ。ヤマト君の真意はタケルをディスることじゃないよ」

タケル「本当かよ？」

アスカ「タケルの指摘は正しいけど、そういうのにすぐに飛びついて、洋菓子メーカ

ーが太陽電池に出資してエコだと言っても、『後づけの言い訳っぽい』と受け取られかねないから、『あくまでも洋菓子生産の枠の中でやるべきだ』って言ったんでしょ」

タケル「そうかなぁ？　何かバカにされた気がするけど」

アスカ「何だかんだでヤマト君はキミにスゴイ親切だよ。わかってる？　タケルがどんなトンチンカンなことを言っても全部拾ってくれて、放置しないしね」

タケル「俺としては、ディスられてばかりって思ってるけどね」

アスカ「それに比べれば、私なんか冷たいわよ。面倒だと放置するもん」

タケル「マジで？　俺優しくされてると思ってたんだけど」

アスカ「（とほほ）…でもまぁ、ヤマト君も時々直球の言葉を使っちゃう時もあるよね」

タケル「言い方って大事だろ？」

アスカ「タケルも、もうちょっと強くならなきゃダメだけどね」

問題

批判はネガティヴなものと大雑把に決めつけていませんか？

「批判」への大いなる誤解

批判されるのは嫌なものです。誰だって、貶《けな》されるよりも褒められたいはずです。あらゆる批判に耐えられる人間など、この世にいません。

しかし、ビジネスにしろ政治にしろ学問にしろ、批判がないと何ごともシェイプ（洗練）されません。例えば、私の属する学問の世界では、「学問＝批判」と断言してもよいくらいに大切なものです。ビジネスだって同じです。優れたビジネスの周辺には、そこに至るまでに批判されてダメ出しされたアイデアや議論が、屍《しかばね》類類《るいるい》という風情で漂っています。

でも、そんなことはわかっているのです。批判的なやり取りが全然なく、ただ褒め続けるだけの世界では何ごとも発展しないなんて当たり前です。しかし、わかっていても腹が立つのです。批判されると面白くありません。なるべくなら、批判なんかされたくありません。ツイッターでちょっとネガティヴなことを書かれただけで、それが残念君によるものだとわかっていても、なんだか気分が悪くなります。

批判を恐れる気持ちになってしまうのは、そうした一般的な心情に加えて、批判という知的営為が、いったいどういうものを含んでいるのかを丁寧に考えるチャンスがあまりないことも影響しているかもしれません。忙しくしている社会人は、「批判とは？」なんて考えないでしょう。だから大雑把な言葉遣いに引っぱられて、大雑把なフィーリグを抱えこんでしまいます。

私は、若い人が議論や対話などの他者とのやり取りであまり成熟したふるまいをできず、すぐにギブアップしてしまう印象を与えていることには、1つの原因があると思います。それは、「ディスる（dis る）」という言葉です。この最近流行のネット用語は、何もかもをいっしょくたにしています。

この言葉の出所は諸説紛々《しょせつふんぷん》ですが、どうやらディスリスペクト（disrespect）から来ているようです。本来は、「失礼な扱いをする」「侮辱する」という意味です。でも、ネットで人々が使っている言葉の意味の振り幅は、なんとも表現域が狭く見えます。「悪口を言う」といった、申し訳ないのですが幼児語の域を出ない使い方です。

これと似たもので、「言われてる」という日本語表現もあります。例えば「俺、ちよー言われてる」（スマップのメンバーの方がテレビ番組で連発していました）は、「自分はネガティヴなことを言われている」ということを意味します。「言われる」＝「悪く言われる」というわけです。最初にこの表現を聞いた時には、しばらく何を言おうとしているのかがわかりませんでした。言われてる？　何を？

「言われる」といっても、言われ方は様々です。このあたりを異なった言葉で表現してくれないと、「ちょっとでも肯定的でない言様《いいざま》＝悪口」という脆弱な心持ちばかりの人で溢れた子どもの世界になってしまいます。

しかも、これを反転させると「とにかく肯定して、褒めて、傷つけないで、癒してあげて、頭を撫でてやるのがよい」ということになります。それでは、実に未成熟な人間ばかりの世の中を招来してしまいかねません。

批判とは、ディスるなどという言葉で表現できるほど単純なものではありません。大切なことをたくさん含んでおり、そこを押さえないと批判の根本にある創造的な機能を見失ってしまいます。癖になるとついつい使ってしまいがちですが、この言葉からは離脱するべきだと思います。

そして、一歩踏み留まって心を落ち着け、批判されることがどれだけの御利益を含んでいるかをきちんと確認しましょう。そうすれば、批判は自分の潜在能力を引き上げてくれるものだとわかります。

批判は愛があるからこそ

まず、非常に当たり前のことなのに多くの人たちに忘れられている、あるいは見過ごされていることがあります。それは、批判は非常に愛に溢れた行為だということです。愛が大袈裟なら、敬意や承認でもいいでしょう。

「愛憎」という言葉がありますが、この漢字のセットは対立概念ではありません。「愛と憎しみ」という対極的な感情がお決まりのフレーズとともに使われますが、実は愛の対立概念は憎しみではありません。私から言わせれば、「憎しみ」も愛に溢れた感情です。誰かを憎むというのは、大変なエネルギーを必要とする行為だからです。対象に向けた相当な気持ちを動員しなければ、そうそう憎むことなどできません。ですから、愛情の対立概念は憎しみではなく「無関心」なのです。対象を路傍の石と見なすことです。

この前提からすれば、**批判するということは、相手に多大なる関心を持っているということです。それはつまり根本的な部分で相手を承認し、そこに愛情が存在するこ**

との証《あかし》なわけです。批判とは、相手を愛玩動物のようには扱わず、ひとりの発話する人間として重んじているということです。

確かに愛玩動物のように相手を扱うと、相手からひどく嫌われることがありません。未熟な人間は、そのことをもって「自分は愛されている」という哀しい誤解をします。こういう関係をよく大学でも目撃します。学生を愛玩動物のようにすべて肯定してやり、褒めてやり、気持ちのよいところを突いてやり、笑顔を絶やさない扱いをしているのを見て、私は本当に「冷たいことするなぁ」と思います。そういう教員を私は「ツンドラ教員」と呼んでいます。

冷たいなと思いつつも、他方でその教員の気持ちもよくわかります。すべての学生に同等の愛情を傾けるなど不可能ですから、自ずと強い意志を持って学びの場に臨んで来る者たちに多くの愛情を注ぐことになってしまいます。そんな時、そうでない多くの者たちを路傍の石にしてしまうと、彼らは拗ねてしまいます。これがエスカレートして、デタラメで甘ったれた、嘘まみれのクレームでもつけられたら大変です。そのリスクを低減させるためには、愛玩動物のように扱うしかない場合もあります。会社でも同じようなことがあるでしょう。

話がやや逸《そ》れましたが、要するに批判するのは、相手をどこかで重んじているからなのです。だから、批判をしたりされたりするやり取りの存在は、実にありがたいことです。そうでなければ、そんな面倒なことを誰がするのかと言いたくなります。

もし相手が何かネガティヴなことを言ってきて、そのもの言いが自分に対する敬意を含んでいなければ、それは単なる悪口や中傷の域を出ないものです。あるいは、フラストレーションのはけ口として、自分がランダムに選ばれただけであれば、もはやこちら側の相手に対する愛情や敬意が育っていく契機が失われます。その時は、「残念です」の一言で終わりにしましょう。これ以外の言葉を発する必要はありません。それ以外のやり取りでは、相手を重んじてしまいますから。

タケル君は、「そういう安易なアイデアはどうかな?」と会議で批判されたことを、「ディスられた」と大雑把に決めつけ、そこから拗ねて外に出なくなっています。必ずしも全面的に肯定するわけではない発言を全部「ディスられた」としてしまうと、お宝をたくさん手放してしまいます。これは問題です。なんとも、もったいない事態です。

提案

批判の持つ創造的な役割を再確認しよう

批判に含まれる3つの意味

我々は、「批判する」「ディスる」といった日本語表現そのものに染みついてしまったニュアンスから自由になれていません。そのため、批判という行為におおよそ以下の3つが含まれていることに気づきにくくなっています。整理して考えてみると、さくれ立ったニュアンスが弱まるはずです。最後にも触れますが、マナーとしてのワードチョイスは大切ですから、そこは紳士淑女モードが前提ですが、まずは無益なビクビクした状態から脱するために確認してみましょう。

「事実を示す」…それによって理解を促す。
「説得力が弱いことを示す」…それによってまだできる余地を示唆する。
「別の解釈を示す」…それによって我々が共有する複数の解釈を確認する。

このように考えれば、批判されても感情的な反応に引きずられずに済みます。有益な他者とのコミュニケーションを生み出すものとして、批判をポジティヴに考えることができるようになります。拗ねた心はワイドに開き、そこから人間の持つ底力、すなわち謙虚さを示すこともできるようになります。批判を謙虚に受け止める態度に接した時、誰もがその人に知性を感じるものです。

では、批判の3つの意味をそれぞれ順番に見ていきましょう。

事実を示す

批判するという行為には、「事実はこうですよ」と指し示すことが含まれます。特に、ある事実を示した人に対して、「正しい（あるいは別の）事実はこちらの方ですよ」と示すことで批判することになります。でも、これは相手を貶めるのではなく、「当該問題におけるお互いの理解が促進される」と考えればいいのです。

例えば、ある政治家の秘書が3人逮捕されて、全員が「自ら有罪を認めている」という「新聞報道」がなされたが、事実は3人とも一貫して無罪を主張していたとします。これは完全に誤報ですから、新聞報道によって伝えられたことは「事実ではありません」という指摘をすれば、批判になります。

過日フリーのジャーナリストたちが、大新聞とテレビの記者が作っている特権的な記者クラブからいつも理不尽な排除を受けるので、自らの経費負担し努力で有力政治家の会見を行ったところ、新聞はこれを「記者会見」と報じず、「インターネット番組」と意図的に誤報したということがありました。これに対して、フリージャーナリストたちは、「インターネット番組というのは事実ではありません」と批判しました。つまり、一番シンプルな批判行為は「ファクト（事実）が違いますよ」と注意を促すことです。

この時「この嘘つき野郎！」と言うと、「言いやがったな、この腐れ外道がぁ！」と返されることになりますから、奥歯を強く噛んで「事実はこちらの方ではないかと思われますが…」とやらねばジェントルな「批判」とはなりません。冷静なデキる人は、こういうことに接して「俺ら、ちょーディスられてる」などとは言いますまい。

ここで言いたいことは、事実を指摘されたからといって、それをディスられたと片付けてもしょうがないということです。「おやおや、それはうっかりしていました。大恥をかくところでした。助かりました」と言うべきなのです。

説得力が弱いことを示す

批判するとは、「その説明では不十分ですね」と言うことです。いわゆるダメ出しです。でも、ダメさ加減にも色々ありますから、ヴァリエーションを示しましょう。ダメ出しには次の2つがあります。

A　説明が弱い
B　問いそのものが適切でない

例えば、「TPPに参加して、すべての分野で世界と自由な貿易をする体制を整えるべきだ」という主張があった場合、Aタイプの批判はどうなるでしょうか。Aは「説明の弱さ」ですから、理屈として説得力が弱いという批判です。TPP加入を主張する人は得てして「役所の規制で自由なビジネスができない分野がまだ残っているが、TPP加入によって不要な規制が撤廃されて効率がよくなる」と根拠を示します。

しかし、「医療や教育や福祉といった領域は、必ずしも生き馬の目を抜くようなグローバルな市場競争原理によっては本来の目的を果たせない」という強力な反論に直面します。そうなると、「TPPが民業の効率を高める」とする主張の持つ説得力は弱くなります。その意味で、「TPPの恩恵に浴さない多数の人々を納得させる力が弱い」と批判されるでしょう。

そうすると、Bのタイプの批判にもさらされます。つまり「TPPにあまねく参加するべきかどうか」という、問いの立て方自体に問題があるという話です。「そんなスタートラインには着けません」となると、「完全自由貿易が不適切であるような政策領域があるのだから、そもそもTPP参加を0か100かで決めるような問題の立て方には意味を感じませんね」という批判になります。

言論の評価において最も大切な基準は、その論が「強いか弱いか」です。この場合の「強弱」とは、「説明能力が高いか低いか」ということだけを意味します。まともに筋道を立ててものを考える人々を、どれだけ納得させられる根拠なのか。そもそも、問題の出発である「問いの立て方」に意味があるのか。これらがなければ、「論が弱い」と批判を受けます。「その言い方では説明が足りません」と評価されます。

言わずもがなですが、この説明を試みている人の「人柄の悪さ」「親切心の足りなさ」「容姿」などは、この論の批判とはおよそ関係がありません。「いかがなものか」とされているのは、ただただ、その「理屈の力のなさ加減」です。

このように批判されると、どうにも自分の考えていたことや理屈がなんだか意味がないような気になってしまいます。しかし、胆力が試されるのはここからです。目先の勝ち負けが問題となっている場合、議論相手に「説得力がない」と言われると、短期的な利益を失わないようにシャカリキになって「そんなことはない！」となります。これは仕方がありません。私はそんなことはあり得ないと言っているわけではありません。仕事の現場の必然というものがあって、なりふり構わず勝ちに行かねばならない時もあります。

しかし、議論や対話というものは、基本的には「自分ひとりでは、この広大なる情報の下で世界を評価することなど、どだい不可能なのだ」という謙虚さから要請されて、「それならば他人の知恵や言葉もお借りせねばなりますまい」となって始まるものです。だから、切った張ったはあっても根っこのところをたどって行けば、「世界のことはわかりませんから、ここはひとつ協力し合いましょう」というステージが必ずあるのです。

そう考えれば、「あなたの理屈は説得力が弱い」と言われるということは、言い換えれば「まだ、ココとソコとアソコにたくさん工夫を加える余地がありますな」と教えてもらったということです。つまり、「まだまだできる余地を示してもらった」ということではありませんか。なんとありがたいことでしょう。腹を立てるなんてとんでもない話なのです。

別の解釈を示す

「そんな説明じゃ納得できません」と批判するだけでなく、「こう考えるのが妥当じゃないですか？」と一歩進んで、相手と異なる世界の解釈や理解の仕方を示すのは、極めて建設的な批判行為です。

例えば「少子化が進んで労働力が不足して、外国人労働者を大量に雇用しなければ日本経済は今の豊かさを到底維持できません。高齢者の数が増大して社会保障負担が過重となり、ますます納税人口も減少する中で日本の将来は実に暗いです」と非常に悲観的な未来予測をする人がいます。もちろん少子高齢化は紛うことなき事実ですし、人口の流動を念頭に置かなければ絶対数としての労働者は減少するでしょう。しかも、この20年の間に福祉や医療コストが大変なカーブで上がっているのは誰もが認める事実です。

でも、この世界解釈は別の人に言わせれば20世紀的な前提にもたれかかりすぎているものです。昔は街場の小中学校では5クラスから6クラスはあったのに、今は2クラスしかないと嘆いている人もいます。しかし、そもそもこんな山だらけの狭い国土に1億人もの人間がひしめき合うように暮らしていること自体が、普通のことなのだろうかという疑問もあります（しかも4つか5つの大都市に集中して）。デンマークもフィンランドも、人口1000万人以下で十分豊かな暮らしを実現しているではありませんか。

高齢化は即「労働力の総体的縮減」ととらえられますが、労働集約性の高い仕事を発展させ、資源のない島国にしかできない技術やノウハウを世界中に提供することでカバーできる部分もあります。高齢者は、そうした分野にこれまでの経験や知恵を提供する有力な産業プレーヤーになりうるでしょう。生産人口を60歳までと決めること自体が、ナンセンスだという議論もあり得ます。

こういった認識に基づけば、「少子高齢化による日本の黄昏」という説は、「世界に類のない高技術・高教育成熟社会の到来」という別の解釈にとって代えることもできるはずです。20世紀的な右肩上がり高度成長を前提とした基準で未来予測をすることは、今後のことを考えるとあまり建設的な議論ではありません。ですから、異なる基準で「豊かさ」を考え、異なった解釈を提供することはまさに批判的解釈、批判的現実考察と言えます。

また言わずもがなですが、この時に批判する側が高齢者の価値観に好意的であるかないかは、この議論には関係ありません。問われるのは、とにかく新しい解釈が「話として出来がよいか悪いか」だけです。もし出来が悪ければ、別の論者がまた別の解釈を示してくるかもしれません。そして、それは自ずと前者2つの解釈にとって批判的な存在とならざるを得ません。

異なる解釈を、別の説明モデルで示してもらえることほど幸福なことはありません。世界を把握するためには、たくさんの豊かな解釈が必要です。その意味では、「悲観モデル」も「成熟社会モデル」も足し算することで、私たちの社会の過去と現状と未来を立体的に把握する助けとなります。解釈はあればあるほどよいのです。

別の説明を突きつけられた人は、自分が批判されたと感じるかもしれません。でも、逆に自分の世界の解釈が存在したおかげで、別の人の解釈を生み出し、引き出した可能性もあります。少しでも多くの人々が納得することのできる解釈を作ろうと努力がなされたことで、この問題に関わる人々全体のレベルが向上したかもしれません。こうしたことも、「相手を論者として認め、敬意を払うことで成立する批判」によってのみ生じます。

人から肯定されたい、褒められたい、顕彰を受けたい、デキると思われたい。それらは人として当たり前の感情ですし、そうされることが生み出すポジティヴなパワーも計り知れないものがあります。わかっています。でも、いや、だからこそ、そこへ到達するためにも、**批判は引き算ではなく、足し算で考えたい**のです。ディスられるという言葉しか知らないと、このように考えることはできなくなります。

10回のうち10回は、このようには考えられないかもしれません。2回くらいは負の感情に負けてしまうかもしれません。仕方ありません。でも、1回でも2回でも「言われて悔しい気持ちはあるが結論は出ていない以上、そこから学ぶのだ」とジェントルなハートで自分に言い聞かせることができれば、必ず仕事がデキる人となり得ます。

ありがたい関係のための心がけ

議論をし、言葉を重ね合わせることで批判的な言葉が行き交い、葛藤を生み出しますが、胆力あるビジネスパーソンの努力の継続によって、結局は全体の水準は上がっていきます。この非常にありがたい関係が正しく機能するため、ありがたさを忘れずにいるためには、いくつかの条件が必要です。なぜならば、ふるまい方や使う言葉の選択のわずかな差で、いとも簡単にギクシャクして色あせたものとなってしまうからです。

「それは事実ではありません」という批判に対して「嘘つけ！」と言ってしまうと、温もりに満ちた心が急速に冷えて、相手を一気に攻撃的にさせてしまいます。相手の説明力の弱さを指摘するにしても、「そんな説明ではダメだよ。何も明らかにならない」と言うよりも、「この部分がもっとクリアになれば、より一層説得力が増すかもしれませんね」と言う方が、先方のやる気とポジティヴな精神を引き出せるかもしれません。

別の解釈の提示においても、「これこそが現実の最良の解釈である！」と示すだけでなく、「この解釈とこれまでの解釈を統合できれば、世界はより立体的に我々の前に立ち現われるかもしれませんな」というニュアンスを加えてみてはどうでしょう。所詮は世界の一部しか解釈できない我々人間の課題が、まさに共同作業によって取り組まれるべきものであると示すことになります。

このように考えれば、**批判するという行為は、常に「我々の共同利益をどうすれば生み出すことができるか」という志向性とセットでなされるべきものです。**しつこいようですが、批判とは切った張ったのために行うものではありません。共同で世界を切り開くための、ありがたい営為なのです。これほど貴重なことを、野卑で子どもっぽい言葉やふるまいで台なしにするのはもったいないことです。

以下は、ここで私が示した幸福な関係が生まれ維持されるのに貢献する注意書きです。そして、いまだに人間として成熟していない私自身が、いつも自分に対して言い聞かせていることです。

①「あなたと私は共同作業をしている」という舞台を意識して言葉を選ぶこと。
②あなたのおっしゃることで、私自身が変化しうるという態度を示すこと。
③感情が乱れれば乱れるほど、「丁寧な言葉」を使うという原則を守ること。
④あらゆることから物事を学ぶことはできるのだと言い聞かせること。
⑤批判を通じてエネルギーをかけてもらっていることに感謝をすること。

今よりもずっと若い頃、私は議論というものを「思考が停止しているくせに上からものを言う老人を撃破するためにするもの」と思っていました。だから、こちらの荒っぽさや杜撰さや無知を棚に上げて、ひたすら相手の心臓を撃ち抜こうと思っていました（おかげで仕事のステージを与えられるのにも大変な時間がかかってしまいました）。そこには、謙虚さというものが欠落していました。**謙虚さとは、「出る杭は打たれる」ことを回避するために必要なのではありません。謙虚でないと、色々なものを学び損なうから必要なのです。**

議論や対話のマナーについて強調しすぎると、「だから日本の気遣い文化、和を重視するぬるいやり取りに取り込まれるのだ」とお叱りを受けるかもしれません。ひたすらディベートの勝敗にこだわり、それによって議論のノウハウを磨いてきた、とりわけアメリカで教育を受けてきた人は、実に舌鋒鋭くとても太刀打ちできない技術を持っています。私自身、少しでもそういうやり方を身につけたいという気持ちもありますが、同時に0か100かで考えないようにしたいとも思います。

アメリカ流「勝ち負けゲーム」的議論観・批判観は、乾いた結論を合理的に導き出す時には避けられないものです。長い間に培われた欧米流の方法はありますし、言論活動は必ず文化背景のようなものに引っ張られる部分があります。

ですから、手放しで自分たちのスタイルを絶賛する気はありませんが、もし私たち日本で教育を受けた者の美徳をちゃんと発展させて、働く人たちの建設的な成長を促すなら、地味かもしれませんが「謙虚なもの言いで他者の協力と知恵を引き出し、己の成長を目指す」というスタイルも捨てたものではありません。

タケル君は、ジョブズや孫さんを崇拝し、尊敬しています。ですから、彼らのことをネガティヴに言われると身内の悪口を言われたかのように反応してしまうのでしょう。身内なら、それでもかまいません。

でも、仕事がデキるようになるためには、会議で反論されたことに対して「ディスられた」などという大雑把な言葉で反応していたら、評価するという作業に欠かすことができない「検証」を適切に行うことができません。仕事をする人間としても、他者と共同社会を維持していく「市民」としても、そのたたずまいが問われるところです。

会議の後、タケル君はアスカさんとふたりで呑みに行きました。この本では、やや残念キャラとされているタケル君ですが、実はとてもいいところがあるのです。それは、よい意味で「ノリやすい」「ノセられやすい」素直なところです。アスカさんは、あらゆる言葉でタケル君を励まします。

アスカ　「あれはヤマト君の愛情表現よ。普通あんなにいちいち拾ってくれないよ。つくづくタケルっていいわよね。いじられキャラで、しょっちゅう課長に怒られるけど、結局、あれ全部キミのためでしょ。私だって、ああいう風にいじられたいよ」

タケル「え？　マジで？　おれ、もしかして愛されキャラ？」

アスカ「そうでもないけど、なぜかみんなタケルにはお節介だよね。いい意味で」

タケル「そうかぁ！　そうなんだ！」

人の批判にいちいちクヨクヨするのは、自分の力をワンランク上げるための産みの苦しみみたいなものです。クヨクヨすること自体は大したことではありません。なぜならば、クヨクヨしないと成長できないからです。批判とは、その時に必要なきっかけです。

思い起こせば、そういうことがたくさんあったことを、皆さんもうわかっています。仕事のデキる人は、そうやって批判と付き合っているのです。

おわりに

8つの章を通じて、仕事がデキる人間が絶対に持っていなければならない認識や技法を示してきました。そして、仕事がデキるということの本質的な意味、つまり「仕事の場面場面で適切に評価ができる」ということを理解すれば、仕事における意識と技法の向上はいっそう可能となるはずだと書いてきました。

このことを別の言葉で表現してみれば、要するに評価ができる人間というのは「リーダーシップを発揮できる人間」ということです。こう書くと「ああ、あれな」「またかよ」、あるいは「こんなに長々と読ませやがって、それかよ?」と思われるかもしれません。確かにリーダーシップとは、子どもの頃から「みんなをぐいぐい引っ張っていく力」などという大雑把な言葉で説明されてきた言葉です。

しかし、私はこれまで書いてきたことに結びつけて、これを次のように言い換えます。

リーダーシップとは、「我々が今どの時点、どの場所に立っているのかを適切に評価してみせる力」のことです。

他者と協力して生きていくのは、仕事の場でも地域コミュニティでも同じです。いずれにしても、人々は力を合わせて目標に向かい、支え合いながら生きていきます。その中にはそれぞれの役割を果たすために、どうしても誰かがやらねばならない仕事があるのです。それは、**「我々は今こういうことになっているんだ」と、自分たちの現状を明快な言葉で説明して、何が最も重要な課題なのかを指し示すことです。**私はこうした仕事のことを、「評価」と呼んできました。そして、この仕事、この力は「言われたことを言われたようにやる」という仕事だけからは到底出てこないのです。

ですから、人の言いなりとなって、いつも上司からの指示を待つだけの職業人生ではなく、時として自分が仕事を仕切れるようになること、つまり、ともに働く者たちの立つ地平を評価できることが、最もシンプルなリーダーシップの意味だということです。だからそれは、教育を受けた者たちの持つべき「一人前の大人の社会技能」なのです。

しかし、それを身につけるためには、ここで述べてきたような基本の心構えと技法が不可欠な土台になります。手垢のついた誤った「図々しく要領ばかりの仕切り屋」

のイメージではなく、言葉をきちんと使って自分たちの立ち位置を示すことのできる「大人の成熟度を持った司令塔」ととらえれば、そのニュアンスを理解してもらえるでしょう。そういう人こそ、本書で示してきた「デキる」人です。

私たちはいきなりスティーヴ・ジョブズにはなれません。でも、彼を遥か彼方に仰ぎ見るほど下の方に自分はいるのだと決めつける必要もありません。ジョブズの偉大さも、この8つの章で書いてきたことの基本の上にあるものだからです。シンプルでも確実な認識と技法を身につけて、現在のポイント100点を103点にするために丁寧に努力すること以外に、「デキる」仕事人になる方法はありません。

それを身につけるために必要なのは、血の汗を流すことではなく、少しだけ素直な心と正しいスタートラインです。そして、合言葉は「勇気を持って淡々と」です。

頑張りましょう。私も、また自分の力を103点にするために地味に頑張ります。抜け道などないのは、みなさんも私も同じなのです。

2012年5月　岡田憲治

岡田 憲治（おかだ・けんじ）
1962年東京生まれ。早稲田大学大学院政治学研究科博士課程修了。立教大学法学部助手を経て、現在専修大学法学部教授。専攻は政治学。助手時代より経験を蓄積し、世紀転換後の近年、“ゆとり世代”以降の知的素朴化に強い危機感を覚え、リメディアル・導入教育に熱心に取り組み、これまでに800人を超える学生を指導する。大学以外でも若い世代を中心に「知の技法」を伝える活動に従事し、NPO団体主催の講演会や若手ビジネスパーソンを対象とした勉強会などの講師を務める。おもな著書に『言葉が足りないとサルになる』『静かに「政治」の話を続けよう』（以上、亜紀書房）、『はじめてのデモクラシー講義』（柏書房）、『権利としてのデモクラシー』（勁草書房）などがある。

働く大人の教養課程

2012年 6月10日　初版第1刷発行

著　者　岡田憲治
発行者　池澤徹也
発行所　株式会社 実務教育出版
163-8671　東京都新宿区大京町25番地
電話　03-3355-1812（編集）　03-3355-1951（販売）
振替　00160-0-78270

印刷／精興社　　製本／東京美術紙工

ISBN978-4-7889-1055-3　C0030

自分にイノベーションを起こそう！

ヒツジで終わる習慣、ライオンに変わる決断

千田琢哉 著

ことあるごとに群がって何も成し遂げられないヒツジと、孤高に物事を成し遂げようとするライオンを大きく分かつ77の生きるヒント！

46判 定価1200円（税別） 176頁 ISBN978-4-7889-1047-8

あなたが上司から求められているシンプルな50のこと

濱田秀彦 著

なぜ、あなたの評価は上がらないのか？5000人の管理職の期待から集約した仕事がスムーズに行く50の提案！

46判 定価1400円（税別） 224頁 ISBN978-4-7889-1051-5